U0027860

所 謂 等 待，
其 實 是 讓 自 己 學 會 放 棄 的 一 個 過 程。

等下去，
是因為不想再奮不顧身去追，
換來更多傷痕、甚至粉身碎骨。

等下去，

是想給自己留一點點力氣，

然後哪天清醒一點，可以轉身離開。

等下去，

是希望等到另一次運氣，

可以再追多一次，就最後一次，

等
心 息

文 Middle

suncolor
三采文化

那些無眠夜裡，
等另一個人的心情

誰都曾經試過，
去等一個人，或等一些，
自己未必能夠掌握得到的答案。

有時候，
我們會為了等一個短訊回覆，
而等到失眠、忘了時間。

有時候，
我們會為了等一個人的允許，
而寢食難安、度日如年。

有時候，
我們會等得心甘情願、一心一意。
為了等一個人，你學會了如何與情緒相處，
學會了如何讓自己一個人，等得更自在。

有時候，
我們會等到心灰意冷、失去自信。
每天總是不斷去猜想對方的想法，
然後自信心變得越來越少，卻又不捨得就此離開。

有時候，會不想再無止境等下去，
寧願還自己一個自由。

有時候，又會寧願可以繼續去等，
也不想就這樣子終結。

有時候，等得太久，
我們會迷失方向，
會忘記了自己的目標與初衷。

有時候，等到最後，
我們才發現自己一直最想得到的，
原來並不是真的喜歡。

有時候，繼續等，
是因為仍然求一個可能，

希望有天會等到奇蹟出現。

有時候，繼續等，
是因為明知道沒有可能，
但不想讓自己太輕易忘記。

有時候，我們一直在等，
並不是為了希望要等到甚麼，
只是自己已經習慣了這一種節奏。

有時候，我們依然在等，
並不是為了向誰證明自己仍會在乎，
就只是想這個故事陪自己到老白頭。

有時候，
我們會覺得自己浪費了太多時間，
去等一個原來不值得去等的人。

有時候，
我們最後還是等不到，但是在過程裡，
我們又得到了很多無可替代的回憶與智慧。

有時候，
我們會繼續等下去，
盼等到哪天自己終於懂得心息為止。

有時候，
我們等的也許不是忘記，
而是希望自己有天可以重拾笑容，
用最簡單純粹的心情，去喜歡一個人，
重新開始……

希望你們會喜歡這一本書《等心息》、
那些因為等待而可能有過的各種心情，
盼能夠在那些漫長的無眠夜裡，
為大家打一打氣；
就算最後未必等到想要的答案，
但至少要讓自己開懷一些，
等得到或等不到，記得也要一樣幸福快樂。

Middle ِ

CONTENTS 目錄

PART 01

等一個人的答案

有多少次，

為了等到他的一個回覆，

你看著手機螢幕，

滑了又滑、卻無法放手，

結果錯過了多少次晚霞晨曦。

有多少次，

為了得到他的一秒認真，

你守在他的背後，

不敢靠近、又不敢遠離，

結果換來了多少次默然嘆息。

繼續等

你知道其實他不會回來，
是因為你真的太過不捨，
還是你不想如他所願，
寧願繼續等下去，
也不要讓自己痛快地心息、
讓他不再對你有半點虧欠。

你問，是否還應該繼續等他，
等他的回覆，等他喜歡你，
繼續一心一意地等，不要讓自己想得太多。
想那些，為甚麼他漸漸不再找你，
為甚麼你主動約他，他會左思右想了很久很久，
也給不出一個明確的答案，
後來甚至是沒有回覆、不讀不回。

以前，你們是有多爽快直接，
只要有誰興致一起，想約見面，
晚上就會見得到對方的笑臉……

以前，你們是有多簡單明確，
不會給予太多模稜兩可的回答，
不會因為一個沒有意味的表情符號，
讓彼此陷在你追我趕的困惑糾纏……

以前，其實也不是多久的以前，
你不明白，只是過了短短的一段日子，
為甚麼他就忽然變得如此陌生。
不再主動、熱切，
不再讓你找到，不再為你解憂。

以前，他很懂得為你平息情緒與不安，
他總是會說很多話去表達他的想法、去令你笑，
你很難相信如今甚麼都不會說的他，
竟會是同一個人……

以前，他對你說過，如果有時想不通，
任何時候，無論多晚，你都可以去找他；
你一直都不敢亂用這個特權，
怕會打擾他的時間，怕會惹他討厭。

你只會在他有空的時候，
傳他一個笑臉，跟他說幾句玩笑，
只要可以一起快樂，你其實已經心滿意足；
總好過自己勉強他去回應自己的不安著急的情緒，
而讓他終於開始對自己生厭，
還始終沒有得到過他的回覆……

就像如今這樣，
這明明是你最初所不希望發生的一幕。

但對著一個突然不肯再正視自己的人，
你實在很難讓自己接受、去面對，
為甚麼之前還會談天說笑、溫柔體貼的一個人，
這天可以說變了就變了，
他說不想見，從此以後你們就沒有再見；
為甚麼可以變得如此，你始終得不到他的解釋，
還是在早一段的日子裡，
他其實早就已經埋下伏線，
只是你還在恍恍惚惚當中、感受著他的好、
想要更珍惜他這一個人，
你還在期待將來可以走得更好更遠，
他卻原來已經在想著如何與你遠離，
開始不再主動找你，
開始不再傳你短訊，
開始不再對你說自己的事情，
開始不再與你靠近，不再讓你的肩膊得到他的依傍……

然後，由得你一個人面對那些不安與焦慮，
無止境地猜想他的原因、
亂想是否自己做錯了甚麼、
傻想如何再可以重新獲得他的關注；
然後，你越想越鑽牛角尖，
總覺得找不著明白你的人、
但其實你只想找回以前明白你的、
會留在你身旁的那一個他，
你一個人遊走以前和他去過的地方，

來懷念有過他的快樂、

來對比現在承受的失落。

然後，你又再記起，

曾經他對你說過，

能夠遇上你真的很好，真的很快樂；

你對他說，你也一樣這樣覺得。

有多少夜晚，你後悔自己當時沒有勇敢走前一步，

否則就不會落得如今這個下場；

直到許久許久以後，你才開始想通，

如果他對你有更多的認真、尊重與在乎，

如果他對你有更深的喜歡，

他最後又怎會用這一種方式，來讓你自己承受，

是他太看得起你的堅強，

心存僥倖地想，

你總有天會想通、會懂得放棄，

總會復原過來？

還是他其實連這些心理都從來沒有，

他只是急著要離開，

讓自己可以與另一個人再開始⋯⋯

你不知道，也不想再為更多的謎題猜想下去，

來到這天，你與他是已經不再往來，

雖然他其實並不是離開了很久，

但在你眼中卻度日如年。

偶爾你還是會問，

自己是不是應該要繼續等下去，
想他有天會又再想起你，
然後又會想，如果他始終不會認真，
那又何必要他再想起，又再一次折騰自己。

來到這天，
你與他是已經不再往來，
雖然他其實並不是離開了很久，
但在你眼中卻度日如年。

你在等的他

他不是不喜歡你，
只是他有更加喜歡的人；
他不是不曾重視你，
只是他會先去關注其他人；
他不是不想要留住你，
只是他也不會放開牽著的手；
他不是不了解你的苦衷，
只是他分不清楚他的心意而已。

他說他要睡覺休息，
但你過後看到他讚好別人的臉書。
他說他最近沒空見面，
但你又見到他在臉書裡約會別人。

他說他忙得沒時間看短訊，
但你明明發現他時常在線又離線。
他說他想一個人靜一靜，
但你知道他只是不需要你的陪伴……

他說他不想你待他這麼好，
但你明白他只是不知道要怎麼拒絕。
他說他覺得你想得太多，
但你只是不明白他的想法與心意。

他說他不想再說了，
但你其實已經不敢說太多。
他說他感到有點壓力，
但你了解這是他的最後暗示。
他說他相信你總會遇到其他珍惜你的人，
但你沒有問自己是否就不值得他的珍惜……

你說你很快就會沒事、不用他擔心，
但他就沒有再回應、以後再沒有半句問好，
即使你們其實都知道，有些事情，
不是說一句算了，就等於可以終於完了……
你說沒事，
只是不想再讓自己亂想更多，
心裡有多想不要再堅持下去，
不要再為這一個人執迷不悟，
只是你還是一直在等，
等他的下一次謊言，
等他哪天終於會對你說一次，
對你的喜歡，還有著緊。

你說沒事，
只是不想再讓自己亂想更多。

他喜歡的你

他對你說，

他喜歡你留在他的身旁。

但是這未必等於，

他也喜歡留在你的身邊。

他喜歡你的笑容，

是因為你從不敢對他皺眉。

他喜歡你的靠近，

是因為你也有你耀眼的地方。

他喜歡你的善解人意，

是因為他從來不會主動說得太多。

他喜歡你的堅強獨立，

是因為他不喜歡別人對他有太多依賴。

他喜歡你的溫柔體貼，

是因為他也需要得到別人的真誠相待。

他喜歡你的爽快乾脆，

是因為你從不會計較或抱怨他的不是。

他喜歡與你約會見面，

是因為你從來都不會拒絕他突如其來的邀約。

他喜歡和你短訊談天，
是因為你從來不會對他的訊息已讀不回。

他喜歡在夜深突然給你來電，
是因為他找不到別人願意陪他談天。

他喜歡偶爾跟你說很想念你，
是因為他想知道你有沒有將他忘記。

他喜歡帶你去一些偏遠的餐廳或海角，
是因為他不敢獨自去面對某些過去與失落。

他喜歡在短訊裡輸入那首歌曲的歌詞，
是因為你還會對那意味不明的意思而在乎太多。

他喜歡你不會時常找他或要他陪伴，
是因為他有其他更想見面或陪伴的人。

他喜歡在你開始將他淡忘的時候回來找你，
是因為他知道你依然留在原地等他回來⋯⋯

然後，他喜歡在你又再投入時轉身遠走，
是因為他始終無法改變他自己的心意，
也不知道不應該再放任對你的任性⋯⋯

他喜歡在你還沒來得及反應的時候，
忽然跟你說，他喜歡你，
但每次在你想表示回應之前，
他總是會先一步笑著走遠。

許久許久以後你才真正明白，
他喜歡你，但你們始終沒有一起，
還依然在那不明不白裡徘徊循環，
是因為他心裡另外有更加喜歡的人，
是因為你還是下不了決心踏前一步，
寧願繼續委屈、難堪、矛盾與自欺，
重複犯錯，都未敢將一切說得清楚。

他喜歡你，
但你們始終沒有一起，
還依然在那不明不白裡
徘徊循環。

主動

主動太多會累，
但如果不再主動，
你知道他不會有半點在乎；
於是你只好更努力地去維繫，
然後漸漸也開始忘記，
其實有天自己也是可以主動離開。

不知道從何時開始，
你總是處於一個主動的位置。

他的喜好，你是自己去主動探問，
他的近況，你是每天去他的臉書查看。
每次見面，都是你首先引他話興，
他不回答，也是你鍥而不捨地逗他微笑。
短訊問好，通常都是由你先發出，
已讀不回，總是你主動再去問他是否很忙。
想要見他，由你去安排一切節目，
他沒興趣，於是你自己先推說原來近來沒空⋯⋯

你的生日，是你打電話給他、讓他記起來向你祝賀，
他的生日，是你花盡了心思、才將禮物送到他手上。

一直以來，
你們之間的交往，都是由你做主動，

但並不是因為，

他不擅於在人際關係中，去做任何主動；

就只是他不會為你主動去做任何事，

不想花太多心機在你的身上，

如果換成是別人，

他也會主動去邀約、主動回覆短訊，

如果換成是你，

他就會等你來主動、而不會對你有半點顧念，

就如同理所當然一樣，就只是這樣而已。

也因此，當他不想見你，

你會主動个再找他，

當他有新朋友，

你會主動去找其他朋友陪伴，

當他對你生厭，

你會主動去做一些事情讓自己快樂，

當他再找回你，

你會主動推起笑臉、假裝從來沒有半點難堪⋯⋯

即使其實，你已經感到很累，

即使，你也曾經想過，

如果他不再找你，是不是會好過一點⋯⋯

但你知道，他不可能會主動地對你說，

不要再找他，不要再思念他這個人；

他就只會等你主動地知難而退，

就只會由得你一個人，
亂想更多、或繼續為他顧念太多。

你知道的，他不會對你有半點主動。
是無可奈何，但你心裡卻有點慶幸，
他不會主動地對你遠離，
這一天，你可以繼續為他主動下去，
就算不會得到任何回報……

但你還是不會捨得主動離開。

你已經感到很累，
即使，你也曾經想過，
如果他不再找你，
是不是會好過一點……

你太好

喜歡一個人，
就自然會想去對他更好一點。
只是有時候，努力去付出更多，
人卻會變得忘記去喜歡自己。

旁人都說，
你對他真的太好，
只是你自己並不覺得如此。
甚麼才是太好，你一直相信，
並不是三言兩語就能說清，
也不是不相干的旁人可以明白。
真要說的話，你覺得，
其實自己只是盡了喜歡一個人的本分罷了。

真正喜歡一個人，
就會以對方的喜好為先。
他喜歡的說話，你都會說給他聽，
他想你做的事，你都會盡力去為他做到，
他想見你的時候，你就會伴在他的身旁，
他不想見你了，你縱然覺得寂寞，
你也不會容許自己打擾對方，
不讓他有機會看得見你的怨懟。

這些本分，

學校的課本上從來沒有教，
他也沒有向你要求過；
彷彿是只要喜歡一個人，
就自然會這樣去做。
不會覺得勉強，
就只會擔心做得不夠。

為了讓他笑，
你試過山長水遠去買他喜歡的小食，
為了給他驚喜，
你又試過花許多個小時，
只為排到他喜歡的演唱會門票。
即使有多少次，他的微笑並不太燦爛，
他看到你用心安排的驚喜，
還是忍不住給你一個呵欠⋯⋯

你以為，是自己做得不夠好、未夠好，
才會得到他的這種回應；
因為你知道，
一個人真正感到高興的時候，
是會笑得如何開懷盡情。
那麼，如今他不高興，
是你做得不好，
還是你不夠了解他、不懂得怎樣討他歡喜？

如果從這個角度去思考，

自己所做的所付出的，
其實並不算是甚麼值得別人去稱讚的好；
自己還是需要繼續學習、投放心機，
去思考更多不同的可能、嘗試其他的方法，
讓他可以真正感到高興，
自己才稱得上「太好」這個評價。
如果連這種基本的事情也做不到，
自己又怎可能會得到他的喜歡？

然而，你抱持著這一種想法，
每天繼續去投入去付出更多，
漸漸你開始會做一些，
超出你極限的事情；
又或者是承受一些，超過你底線的責任，
但依然得不到他的微笑他的回望，
更別說是他對你的關心、重視、尊重甚至喜歡。

你並不是鐵人，
不是一個不會感受、
不需要得到回應與回報的玩偶。
即使你還會想，
是你自己心甘情願去付出，
他並沒有義務一定要回應和接受，
只是你以為，
他也不是一個沒有感情的機械人，
自己的努力投入，

總應該可以讓他有半點感動……

但每次當你看到，
他對你的愛理不理、不聞不問，
再看到他對別人親切溫柔、談笑風生，
是不是自己真的做得未夠好？
還是自己的好原來並不合乎他的所需？
你開始會這樣自我質疑，或自卑，
是不是自己真的沒有對他好的資格，
還是自己沒有去喜歡他的權利。

只是這種念頭，
卻又會將你打進深淵，不能自救；
你寧願不讓自己去想得更多，
去繼續對他更好、去追求你一直都得不到的回眸，
想讓他去笑，
即使你自己都忘了，應該要如何去微笑。

直到許多年後，
他開始從你的生命中淡出，
你有機會再與另一個人，去認識戀愛這門學問，
那時候你方明白，喜歡一個人，
其實並不只是以對方的喜好為先。
原來還需要，
從一開始在對等的位置，
與對方建立溝通的橋梁，互相了解一同學習，

才可以知道如何去待對方更好，
怎樣的好才是真正的適合對方。

這些道理其實並不難明白，
以前也有很多人或很多書提及過，
只要對方也有一點喜歡自己，
你的好才可以在對方的生命裡開花結果。

只是那時候，那些年，
你還是不想聽別人的勸，
只想去對他更好更好，
即使旁人都說你對他實在太好，
你也早已知道「太好」這兩個字，
其實並不是一個光榮的稱許……

但你寧願讓自己好下去，
也不想讓自己接受，
從始至終都得不到他喜歡的這個事實。

只要一天不放棄，就不算輸了；
只要自己一放棄，
又如何再面對那些年的自己。

他不想見你了，
你縱然覺得寂寞，
你也不會容許自己打擾對方，
不讓他有機會看得見你的怨懟。

不滿

有多少次，
你忍住了對他的不滿，
只是那些累積的情緒，
卻漸漸把你壓得透不過氣，
但他未必會諒解，甚至還會怪你，
為何又想得太多。

偶爾，你也好想跟他大喊，
問他當你是甚麼人，
問他為甚麼總會在他需要你的時候才找你，
為甚麼，在你需要他的時候，
總是不會理睬你。

為甚麼明明昨天晚上還談得好好的，
但這天又變成冷言冷語，
甚至不讀不回；
為甚麼上星期還說你是最好的朋友，
但來到這星期、甚至之後，
就不會再理會你這個朋友……

你好想問他，是不是自己做錯了甚麼，
才會讓他疏遠你。
是不是自己做對了甚麼，
才又會讓他突然想起你、找你做回一天的朋友。

還是其實，

你根本沒有做對或做錯甚麼，

就只是他不想花太多時間在你身上，

就只是他從頭到尾都沒有對你有太多認真。

一切都只是你想得太多，

都原來是你不值得去擁有他的關愛？

就算你付出了真心，

也不等於他要去接受，

就算你和他有過多少經歷，

也不等於可以成為一起走向未來的通行證……

但如果真的是這樣，

那為甚麼他又會給你微笑，

為甚麼在你一再想放棄的時候會來找你，

為甚麼又會接受你的好，

還是這原來是一場交換……

而你所付出的一切，

就是只能夠換到這短暫的溫柔，

以及如今他的不辭而別、

或以後的忽冷忽熱、不聞不問？

你好想知道，

在他眼裡到底你是一個怎樣的人，

是一個可以隨傳隨到的人嗎，

是一個不懂得去變的傻瓜嗎，

是一個不能夠吸引他的人嗎，

是一個太認真執著的煩人嗎，
是一個不可以認真對待、
只可以虛假敷衍的誰嗎⋯⋯

又可能，
他其實從來沒有認真想過這些問題，
他的眼裡就只有別的人與事，
對你的一切只有模糊的印象、
即使你在他身邊已經守候過多少日與夜？
是因為這樣，他才一直沒有坦白交心，
就算親近，還是會有太多顧忌，
就算相對，還是會漸行漸遠。

在你面前，
他彷彿總是會帶著笑臉來防備你，
在他面前，
你彷彿只可以是一個不值得尊重的後備，
即使你幻想過，
有天可以成為他的好友、知己，
即使你其實已經一再降下底線，
只望他會回覆你的短訊，
只求他偶爾會想念你這個人，
只願他會知道你仍然會支持他守護他，
只想自己不要再為他有太多亂想、
可以好好相信及維繫這一段，
其實只有你自己一個人在乎著緊的情誼⋯⋯

然後哪天他終於想起你，終於會回應你的問題，

那些你已經埋藏在心裡，

已經很久很久的問題：

其實，

為甚麼他始終不肯好好面對你這個朋友，

為甚麼要讓你一再為他而想得太多、變得更卑微，

為甚麼你的想得太多會漸漸被他厭棄，

為甚麼你開始會對任何想法都會有太多顧慮，

為甚麼你要怕他的不喜歡多過怕自己不喜歡，

為甚麼你始終不懂得去拒絕他的傷害，

為甚麼自己不可以再擁有以前的單純……

你想問，他當你是甚麼人，

只是每當你可以見到他，你卻不會問他半句，

將有過的生氣寂寞難堪無奈，

都埋藏在更深的雲霧裡；

然後漸漸你也不敢再去問自己，

其實你當他是甚麼人，

其實你如今還想要得到甚麼。

然後，

漸漸你也不敢再去問自己，

其實你當他是甚麼人，

其實你如今還想要得到甚麼。

介意

你不會再理會
一切與他有關的事情。
只是你還是會一個人介意下去，
不會讓任何人知道，如此而已。

/ / / / / / / / / / / /

你不會再讓自己
追看他的臉書、
太在意他的事情、
繼續猜想他的心意、
為他傻傻的付出太多、
留意他的最後上線時間、
因為聽到一首歌而想起他、
因為他的一個問候而感到興奮、
因為他的忽然冷淡而有太多苦笑、
念記著與他有關的數字、
在他生日的時候開不了心、
抱怨他為甚麼這麼久沒再找你、
突然心血來潮到他的家樓下懷緬、
記著那月那日你們有過的快樂、
因為沒有他而忘記了節日的意義、
妒忌最近誰人與他走得更近、
看著他與誰的親密合照而有太多煎熬、
在街上繼續留意他喜歡的事物、
為他準備更多不會送出的禮物、

在臉書裡寫下任何與他有關的事情、
希冀他會明白你在臉書裡貼上的那些歌詞、
相信其實你們只是有緣無分、
執迷那時候你們為何會無疾而終、
去問如何才可以好好放下他、
每天起床都會查看手機會不會收到他的短訊、
因為收不到他的生日祝福而有太多失落、
在靜下來的時候又沉溺在想他的思緒、
有靜下來的時候、
為這一個人有太多掛念、
有太多迷惘心碎留念執迷、
奢想有天會可以得到他的明白諒解溫柔和好如初笑著再見、
苦笑嘆氣皺眉強忍失控歇斯底里假裝木然抖震激動無語⋯⋯

你不會再讓自己理會他的一切。
你不會再理會更多。
你不想再理會。

只是你仍然會介意、
繼續一個人在心裡介意下去、
如此而已。

你不會再讓自己
為這一個人有太多掛念、
不會再讓自己有太多迷惘心碎。

糾結

你知道，
只要不想太多，就不會再繼續糾結，
只要保持清醒，就一定會找到答案。

可是很多人對道理是知道明白，
但當身在其中時，卻不會自動記起。
／／／／／／／／／／／／／／

如果在意他，
為甚麼不讓對方知道；
如果怕他走遠，
為甚麼又會選擇逃避他；
如果記得他生日，
為甚麼不打電話給他祝福；
如果對他仍然著緊，
為甚麼卻在他面前冷言冷語；
如果不想他誤會更多，
為甚麼又不想主動去解釋清楚；
如果想知道他多點近況，
為甚麼又只會在臉書裡偷偷窺看；
如果常常會在夢裡遇見他，
為甚麼那次再遇又會假裝視而不見；
如果和他終會變得不聞不問，
為甚麼如今還是會對這個人太過在乎；
如果相信會跟他變回從前一樣，

為甚麼還是不能提起一點勇氣找回對方；
如果知道沉默只會製造更多距離，
為甚麼又寧願將心事收在心裡也不願開口……

如果仍然喜歡他，
為甚麼內心更加糾結；
如果想要重新開始，
為甚麼兩人卻越走越遠；
如果是打算就此忘記，
為甚麼這夜還是一再記起；
如果他也有過這種心情，
為甚麼又沒有回覆你的訊息。

如果在意他，
為甚麼不讓對方知道；
如果怕他走遠，
為甚麼又會選擇逃避他。

無
關

與其說，
他對你的說話始終無視，
讓你漸漸學會沉默，
不如說你只是不敢再面對自己的真心，
希望讓繼續追趕著他的你，
可以好過一點而已。

／／／／／／／／／／／／／

你知道的，
在意一個不會再在意自己的人，
是有多浪費心力與時間。
只是道理你明白，
你卻無法阻止自己繼續追看，
那些關於他的事情，
那些與你再無關的一切。

他去過的地方，你暗暗留上了心，
他讚好的文章，你忍不住逐一細閱；
他愛聽的歌曲，你在臉書裡時常分享，
他偶爾的失落，你叫自己不要留言關心……

你知道，他一定會如往常一樣，
冷落自己的說話、你這一個人；
其實你真的知道，
這些事情，如今都已經再和自己無關，

而自己一天仍然活在他的影子裡，
不會得到他的半點認定、
也不可以和他在同等的位置相處、對望……
你知道的，自己如今也只能如此。

因此，在有天能夠追上他之前，
你決定，不要被他看到你的執迷，
不要讓他知道你內心的抱怨、不忿，
不要對任何人透露半點，
不希望有機會傳到他的耳中；
你希望，如果將來有天能夠和他再遇，
自己可以一個沒事人的姿態，
再贏得他的回望與欣賞。

即使你其實知道，
在意一個不會再在意自己的人，
是有多浪費心力時間……

即使你其實有多明白這個道理，
只是你始終，無法讓自己好好放開。

道理你明白，
你卻無法阻止自己繼續追看，
那些關於他的事情，
那些與你再無關的一切。

繼續

要繼續，還是放棄，
你知道要抉擇，
但總是決定不了，
然後在時間如此錯過之間，
你又再次收到了他的訊息。

/ / / / / / / / / / / /

這份曖昧不明，
要繼續，或是放棄，
每天醒來，你還是想到這個問題。
有多少個晚上，
你不想明天再這樣想下去，
但不想不想，最後卻還是想得更多。

其實你都知道再想無益。
反正來到這一個地步，
你自己所能夠做的事情，已經所餘無幾。
應該要做的，都已經做了，
但你想要的快樂，
並不等於別人所要的快樂，
你希冀要走的將來，他始終沒有給你肯定，
時而走近，時而離你而去。

由最初你以為，自己也許仍有機會，
只不過是他尚未下定決心，

只不過是自己做得未夠好，
只不過是彼此沒捉緊機會，
只不過是那點喜歡不夠深……

漸漸你都變得比他肯定，
你們是不會走在一起的；
即使昨天，你們還會結伴同遊，
還會兩人喝同一杯飲料，
還會因為收不到對方的短訊而不安，
還會莫名地為了一點小事而生你的氣……

近來，他開始變得經常生你的氣，
彷彿像情侶之間的抱怨，
你曾經將這種表現，
視為你們的關係有更進一步的發展；
但當你嘗試過太多次這種生氣，
你又會記起，對一個人生氣，
其實未必等於是對喜歡的人著緊。

雖然，在你的理想裡，
你只會對你自己著緊在乎的人生氣，
但如果細分，在乎也可以有很多種，
是在乎你這個人，還是不過在乎你的好？
你不斷嘗試從他的言行中去找這個答案，
不會錯過任何可以跟他接觸的機會，
記下更多微笑或皺眉，

盼能捕捉那一點他沒有言明的訊號，
即使你最後也未必想明白了甚麼，
即使你自己也明白，如此下去只會更欲罷不能。

不如停止吧，不如就此放棄，
你不是沒有想過，與對方繼續做一對好朋友，
在不會讓自己太受傷的距離，去守護對方；
只是你一心如此，對方卻未必也這樣想。
有時你關心太多，
對方或會覺得你超過界線，
有時你刻意保持距離、稍稍收起你的笑意，
他又會冷起了臉、或是生氣，
雖然他不會承認是在生你的氣……

或許你自己都忘記了，
如何自然地去演好朋友這個角色；
又或許，對方已經習慣了你的好，
也忘記了，如何和你做回一對單純的朋友。

或許，或許，
但你終於肯定，這點生氣不等於著緊，
自己每天討他更多的生氣，
真可換到他的一點喜歡？
退後一步想，又有必要再這樣委屈自己嗎？

如果繼續交往，即使靠近或疏遠，

自己的感受與心情，
還是無可避免地會繼續被對方影響、支配、折騰，
那是不是應該要完全捨棄這一段關係，
不要再往來，就算得不到他的理解體諒，
但至少也要放自己一條生路⋯⋯

有多少個晚上，
你不想明天再這樣想下去，
但不想不想，第二天醒來，
最後卻還是想得更多。

要繼續，或是放棄，
你知道要抉擇，但總是決定不了，
然後在時間如此錯過之間，
你又再次收到了他的訊息。

你不是沒有想過，
與對方繼續做一對好朋友，
只是你一心如此，
對方卻未必也這樣想。

否定

你看著他，看著不會回望你的他，
偶爾你會說何必受罪，
偶爾你又會說已經習慣了，
然後再一次再一次，沉迷下去，
繼續去否定你自己的所有。
／／／／／／／／／／／／／

你不明白，
為甚麼他不會承認對你在乎，
始終否定你所做過的一切。

明明你曾經察覺，
那一刻他對你是有過動心，
明明你已經暗示或明示，
沒有人比他更重要；
否則，為甚麼你們會有過那些日與夜，
那些只有你才看得見的微笑，
那些他其實無必要和你的靠近；
一次已經珍貴，但你們已經有過太多太多次，
你知道，他比誰都要清楚這當中的牽連，
會為你的人生留下多少痕跡。

但是他依然不會對你解釋太多，
也不會在別人面前承認，
你們有過的這一切，

包括那偶然的曖昧、快樂、親近或默然對望，

他都斷然否認，

似乎你比起任何一個陌路人還要陌生，

似乎只不過是你的一廂情願、盲目糾纏……

即使他之後又會找你，

說只想和你做一對永遠的朋友，

即使他最後又會依舊，

將有過的甜與苦都一一否定、不相往來……

其實是的，你已經變得盲目了。

在他會斷然地向人否認，

與你之間所有過的一切，

你就應該明白，

他這一個人其實不值得，

又或者你眼中以為是無比珍貴的種種，

都不過是他對你的一時敷衍、虛情假意、

只為貪求一時歡愉的手段，

你的用心，未能換到太多他的認真。

人與人之間的交往，

就算最後未必可以互相喜歡，

但也不應恃著對方的喜歡而一直予取予攜、

任由自己的自私與任性一再傷害對方；

同樣，即使得不到對方的喜歡，

也不等於自己要一直留在委屈與難過的位置，

去繼續換來他的否定，

去讓自己變得更加卑微。

他否定你，
是因為他從來沒有看見真正的你。

你盼有天他會回頭，對你有多一點認真，
但其實你知道的，有些事情是從來勉強不來；
你還繼續等，他哪天會對真正的你有多點認真，
卻忘了，真正的你早已因為他的否定，
而變得破碎。

即使得不到對方的喜歡，
也不等於自己要一直留在
委屈與難過的位置，
去讓自己變得更加卑微。

後備

他其實只想和你成為最好的朋友，
而不想把你當作一個最佳的後備。

但有時你會寧願自己當一個後備，
也不想和他從此只能夠友誼永固。

你知道，
他心裡還有其他喜歡的人。
就算和他有多親近，
你也沒把握，有天可以成為他的另一半。

即使近來，在他最軟弱的時候，
他都會第一個告訴你；
即使昨天，在他最失意的一刻，
是你想方法讓他轉憂為喜。

為了令他展露歡顏，
你做過很多以前你都不會做的事情，
伴他去喜歡的地方，
送他很難找得到的小禮物，
放下重要的事情只為陪他一會兒，
通宵不眠和他短訊就盼他可以安然入夢……

漸漸對這些事情，你都變得很在行，

就算旁人會取笑，何必為一個人而如此卑微，
但你還是希望可以做更多更多，
來為自己建立及累積一點點兒自信；
只因為，你始終無法習慣適應，
他忽然對你的若即若離，
他看著你，眼角埋藏的勉強，
慶祝狂歡時，他始終不太投入盡興，
應該會笑的驚喜，你知道他其實未笑得開懷⋯⋯

偶爾你會想得太多，
以為他正在看著的人並不是你，
而是過去再得不到的那個他；
偶爾你會惶惑不安，
如果那天他們和好，他還會來找你嗎，
自己是否還有可以待在他身邊的位置⋯⋯

因為你試過，他會突然因為一通來電，
而暫時終止和你本來的約會，
你也試過多少次，收到你其實不喜歡的禮物，
和他沉默同遊了幾多舊街或海角。

有人說，怎樣也好，
你始終也是這些日子以來，
陪伴他最多、和他最親近的朋友，
累積了這麼多情誼與回憶，
他應該也會感動會感謝，不會如此輕易就離開；

只是你會想，在於他而言，
其實真的是非你不可嗎，
在最初，自己只不過是一個他剛好可以依靠的人，
即使自己並無乘虛而入的意思，
你還是感到這些日與夜裡，
自己只是為他替補了某一個失落的身影。

哪一天，他可能會終於清醒，
不應該再為一個舊人而沉溺下去，
應該要重新開始再尋找，
原本快樂自信的自己。

到時候，他就會記起，
他其實只想與你成為最好的朋友，
而不想把你當作一個最佳的後備。

是這樣吧，這樣對他來說才是最好；
因此在那天來到之前，
自己應該緊記不要有半點越界，
去支持他鼓勵他祝福他，
不要破壞打擾他復原的旅程，
就等他記起，你是他最好的朋友，
就算他偶爾會表現得，他有一點為你動心，
他曾經對你的認真，有過一絲喜歡或幸福……

但有多少次，你還是會感到難耐。

太多的若即若離，太多的情緒波折，
令你變得再沒信心，
繼續飾演這個角色直到白頭。

你知道，他心裡還有其他喜歡的人，
只是你仍會希望，
他有天會真正喜歡眼前的你，
不是朋友，不是後備，
而是本來喜歡他的你。

你寧願親手打破此刻表面快樂的約會，
寧願以後再沒有偶爾難得的曖昧甜蜜，
提起最後的勇氣，
去和他說清楚你埋藏的感情。

求的，不是希望將來有天，
他會為你的付出感到內疚、
會親口跟你說聲對不起，
而是只求一次了斷，
不想再如此無了期地單方面奉獻、
不要再麻木地感覺卑微更多，
到哪天都完全忘記追求快樂的需要，
直至被其他新的人新的故事所掩沒。

早一點讓他和你看清楚，
彼此一直逃避面對的答案，

即使後來你們可能有多少日子不會再見，

也總好過，

繼續飾演一個沒有自信的後備，

連自己的笑臉也不再復見。

你知道，

他心裡還有其他喜歡的人，

只是你仍會希望，

他有天會真正喜歡眼前的你。

想太多

有時你們走得很近，
但始終無法真正親密，
你不敢肯定他是你的誰，
卻又會不自覺地為他想得太多。

/ / / / / / / / / / / /

有一個人，
總可以讓你突然失常，想得太多。

有時你會覺得自己對他很重要，
有時又會覺得自己是零、不值一提。

有時你不會對他的事情怎麼在意上心，
有時你卻會因為他出事了而變得過分擔心。

有時你可以很長時間都不去找他，
有時你又會很想見他，卻又怕打擾他與別人的約會。

有時你會以為你們十分了解對方，
有時你又會因為不明白他而變得不明白自己。

有時你會為他做了甚麼而感到驕傲，
但有時你又會因為說錯甚麼而心灰意冷。

有時你會因為他適時的關心而心滿意足，

有時你又會因為他的過分溫柔而心亂如麻。

有時你們會為彼此的默契而會心微笑，
有時你卻會因為一點小誤會而莫名生氣。

有時你可以自在地做他的知己良朋，
有時你卻又不敢肯定與他是否像一對兄妹。

有時你會想有些東西可以證明你們的關係，
有時你會不想思考來提醒你們的曖昧不前。

有時你會安慰你們已經熟稔得猶如親人，
有時你會覺得只不過是在自欺欺人。

有時你們可以不理會別人眼光結伴同遊，
有時你卻太在意別人的看法而於心有愧。

有時你可以好肯定自己沒有對他有太多喜歡，
有時你又太清楚他在你心裡佔著最特別的位置。

有時你會希望有天他會對你表明一切，
有時你會害怕有誰因為霎時衝動而破壞了一切。

有時你會很想可以和他更進一步，
有時你又會很想乾脆了斷，從此放棄一切。

有時你會想通，友愛可以比戀愛更漫長，
有時你又會反問自己，是不是真會友誼萬歲。

有時你會可以忘記這些胡思亂想，
有時你又會突然記起所有甜蜜心酸。

有時你想跟他說，以後都不要再見。
有時你會對自己說，難得已經和他如此親近，
為甚麼還要再想太多，想得太多。

有時你會想通，
友愛可以比戀愛更漫長，
有時你又會反問自己，
是不是真會友誼萬歲。

隔閡

隔閡並不是源於沒有往來，
而是即使彼此仍會對話，
但你知道他不會明白你的想法，
他也知道你不會再為他去解釋，
寧願看著自己的螢幕發光，
也不要破壞這份沉默的默契。

有些人你已經認識很久很久，
可是你越是將心投放在對方身上，
你對他的感覺就越是陌生。

就好似一對結婚十年的夫婦，
每天都會見面，但彼此卻不知道，
對方吃晚飯時喜歡先吃飯或先喝湯；
又似是一個共事數年的同事，
你們每天都會跟對方說早安，
但下班後就不會再有其他來往……

有些事情你其實很想跟他分享，
你們卻總是欠缺相聚的機會。
最初你會想，是因為彼此都在忙，
但真的這麼忙嗎？
你知道對方也有空閒的時候，
只是即使你們會在訊息內對談，

談的也是不著邊際的話題；
你試過想約對方見面，下次、下次，
然後再到下次，你都開始忘了要去約會對方。

到了有天你會承認，他是不會明白你的心事，
是因為他沒有類似的經歷，
或是他未有為你預留更多的時間與心田；
即使他會留意你，也只是看著表面或臉書上的你，
喜歡就讚好、有更新就留言，
就只是如此而已。

如果你失蹤了一段日子，他不會致電找你，
雖然你們是幾多年老友、
他手機裡仍儲存著你的電話號碼，
雖然你們曾經歷過天天都要見面、
要將所有事情都要告訴對方的那些日子⋯⋯
但來到這天，他再不懂得如何更深入去注視你，
你也放不下身段、主動去如實地說清一切，
因為你怕他會在開始的時候，
就已經拒絕再聽或了解，
又或是又跟你說，下次再談。

可縱然如此，你還是希望，
有天能夠讓他明白這點心理，
只因你相信的朋友，已經沒剩下幾個⋯⋯

那天，你終於向他細訴這些想法。

他看一看你，

然後說，覺得你是想得太多。

你微微苦笑，讓自己不再說下去，

不要再說下去。

是那天起，你在他的面前建立了一道牆，

一道只會看得見彼此笑臉的牆。

為的，並不是希望不要再受到他的傷害，

而是不想再讓自己有任何感受或煩惱向他傾注，

不要打擾他人，不要讓他有半點察覺，

只要仍然看得見對方安好，就好。

是那天起，

你在他的面前建立了一道牆，

一道只會看得見彼此笑臉的牆。

獨行

如果已經努力過太多，
而他也是不會對你有一點在乎，
那不如不要再糾纏下去，
寧願做一個尊貴的獨行者，
也不要在不安的黑夜裡亂想太多。

/ / / / / / / / / / / / /

你走近他，他沒反應；
你傳他短訊，他不再回覆。
以前不是這樣的，
他總是會立即回你短訊，
也總是喜歡待在你身邊。
只是不知道從何時開始，
這種被依賴的感覺漸漸消失。

他對你的在意似乎一天比一天淡薄，
你還懵懵懂懂地期望明天可以與他再見面，
但到了明天你才發現他早已經走遠，
剩下你一個人為更多不明白而失落。
你不捨，想挽回以前曾經有過的親密，
卻又自覺為甚麼現在變成是對他更加依賴；
而這種察覺，在他越是對你不再在乎的時候，
變得更加明顯，也令你更加難堪。

看著他在臉書的笑臉，

看著他後來與其他人有更多約會碰面，
你不作聲，就由得自己留在他不會回望的地方，
繼續等候，等自己心淡。

不是你不想去追、再得到他的注意，
只是你不敢相信，他還是以前你曾經熟悉的他。
又或者應該說，你與別人沒有不同，
一樣可以讓他快樂讓他心安，
只是他如今不會再選擇你、再想走近你身邊而已。

其實你知道，他以後一定會遇到更加喜歡的人，
或許他曾經也喜歡過你，
而你也是如此喜歡他，
只是你不會再向他透露半點情愫。
是因為你不想令他同情自己、不想他有半點為難，
還是你只是不想，
跟別人去分享這一個喜歡的人——
如果他最後會選擇跟別人一起，
即使他會好心留下一個位置給自己，
你也決定不要去就坐。
不要讓彼此有半點犯錯的機會，
也是給自己留下最後一點骨氣。

如果你已經走到他面前，
已經傳過太多已讀不回的短訊，
而他也是不會再對你有一點在乎，

那麼，不如不要再糾纏下去，
寧願做一個尊貴的獨行者，
也不要在不安的黑夜裡亂想太多。

寧願讓自己一個人自由自在地思念下去，
也不要因為一個不會再見面的人，
而委屈了自己。

你不作聲，
就由得自己
留在他不會回望的地方，
繼續等候，等自己心淡。

標籤

有些無奈是，在他面前，
你永遠都不會是他想親近的人。
而更無奈的是，經過了那些年月，
你也開始習慣這樣去標籤自己，並甘之如飴。

不知從何時開始，
你在他的面前，永遠只會有一種形象。

你做些甚麼，他都不會喜歡。
你再多努力，他都可以找到不好的地方。
你想靠近他，他會露出厭煩的表情。
你想對他好，他會以為你是別有所圖。

曾經你以為，他是不是純粹的不喜歡自己，
如果是這樣，你安慰自己還是有改變的機會，
喜歡不喜歡，本來是一件很主觀的事情，
這天不喜歡，也許明天就可能會變得喜歡？
如果未夠好，也許再累積更多的好就可以成功？
只要不放棄，有天還是能夠改變他對你的觀感，
你相信如此，也一直努力地叫自己相信如此，
就算太天真，但你真的不想如此輕易就放棄。

然而，隨著年月過去，
隨著你付出更多努力、換來更多漠視誤解，

你開始發現，不是他喜不喜歡你的問題，

而是從一開始，

自己原來沒有被他放在正視的位置。

同一件事情，同一種好，

其他人所做的會得到他的稱讚，

然後他會去更加親近、更加珍惜別人，

而你即使做了同一樣的事情，

他卻會先以抽離的目光去作出瞬間的判斷，

卻不會輕易讓自己的感情有太多投入。

而這種態度，是來自之前對你的印象、

以及感受所延伸出來的，

那麼之前的態度，又是再之前的延伸；

再追溯下去，是從甚麼時候開始，

他就會對你有這一種印象，

而從始至終，他對你的認識也只是一種印象，

卻沒有太認真的審視與了解。

也因此，就算你做過了些甚麼，

他對你都只有你不好的印象，

而當中你花過多少心血、

所去做好的每一處細節，

對他來說都只不過是風過無痕。

於是，你越是為自己所做的事情，

而對他有所期待，

就越會換來被他冷待你的回應。

在他的面前，你恍似再沒有半點轉圜的餘地，
因為他已經習慣了用那一種角度與濾鏡，
去看待你、給你反應，
他又何必會為一個不感到興趣、不太想親近的人，
去改變自己一直以來的觀感、
自我推翻對你的種種判斷，
於是你也再沒有可能去讓他對你有更多好奇或興趣、
令他想親近你、累積更多正面的回憶與情誼。
在他的面前，
你永遠被標籤做一個陌生人、怪人、
不可信任、不想親近、煩人、
自作多情、不自量力、有企圖、
偽善者、小丑、傻瓜、一個很好但不需理會的人……

而更無奈的是，經過了這些年月，
在你向他追逐了多少次之後，
你也開始習慣這樣去標籤自己，並甘之如飴。

當中你花過多少心血、
所去做好的每一處細節，
對他來說只不過是風過無痕。

別
人

與其說，因為你不是別人，
所以他才沒有珍惜你，
不如說，他眼中沒有太多別人，
也許從來就只有他自己。

/ / / / / / / / / / / /

也許你試過太多次，
將自己與別人比較，
去想，為甚麼他對別人總是很好，
彷彿自己比起任何人，都不值得他的回望。

是因為你不是別人，
所以你的說話他從不在意，
不會去記著你的說話？

是因為你不是別人，
所以他每天都要忙著工作，
不會留一點時間與你見面……

因為你不是他在乎的人，
所以他一直不肯接你電話，
不會回覆你短訊裡的不安或笑臉……

因為你不是他的知心密友，
所以他始終不會對你解釋太多，

不會考慮你有過多少惶惑不安、茶飯不思……

因為你不是他想見的人，
所以他才可以一直不來找你，
不會和你一起思考、面對你們之間的問題……

因為你不是他理想的同伴，
所以他才會忍心在中途把你遺下，
不會和你互相扶持、繼續堅持下去……

因為你不是他會思念的人，
所以他不會對你有太多內疚，
不會對你的受傷有半點自責……

因為你不是他曾經用心認真喜歡過的人，
所以他連一句道別的說話也沒有，
不會留給你更好的結尾，也不會再讓你有機會找到他……

其實你真的不想和別人比較更多，
如果他有一刻可以認真重視你的感受，
如果他有一次會對你好一點點、
比平時有多一點在乎，
你就不會再如此胡思亂想更多個夜深，
然後讓一再的比較，
把你原本的好與自信都壓得無可再低……

其實你知道，真的不要再和別人比較，

不是你或別人的問題，

只是你所認真在乎的人，

對你沒有太多在乎而已。

不是你不值得，只是他沒有對你坦白，

在你一個人獨自煩惱不安之前，

他已經先悄悄離開；

你用更多的別人來比較他對你的壞，

一邊期待自己可以得到和別人一樣的重視，

一邊回想自己以前也曾是他最在乎的別人，

將你放在最重要的位置，

用最溫暖的笑臉，來讓你任意自由飛翔……

曾經你以為，

自己以後會跟別人不一樣，

是世上最幸運的人，

但當有天他收回送給你的翅膀，

你重回地上糾結、仰望，

才知道自己也是另一個別人，

從沒有得到他真正的注目，

因為在他的眼裡，原來就只有他自己。

如果他有一次會對你好一點點、

比平時有多一點在乎，

你就不會再如此胡思亂想

更多個夜深。

這一個名為單戀的位置

你怕的，
不是被對方拒絕、無視，
而是對方連為你拒絕的說話，
也不願意去說一句；
寧願已讀不回，
也不肯去想一個拒絕你的理由、或是藉口。

大概誰都曾經試過，
單戀另一個人。

單戀，並不是純粹指暗戀。
暗暗地喜歡一個人，是單戀；
明確地讓一個人知道自己的喜歡，
但是他不喜歡你，也是單戀。

你喜歡他，他喜歡過你，
只是如今他不再喜歡，而你依然未變，
這是另一場單戀的開始。

你喜歡他，他也喜歡你，
只是他的喜歡並不等於你的喜歡，
你的認真對他來說是太過認真⋯⋯
那麼，這也是一種單戀。

或者真要仔細去區分的話，
所謂單戀，是自己的感情與認真，
得不到別人接受、甚至被對方無視；
是一種很常見的情況，
也不只是會發生在愛情的情況。

也許，你試過想與一個朋友更加親近，
但是對方總是表現得冷冷、不想和你做朋友；
也許，你試過希望得到家人的認同，
但是家人就只會將目光放在其他家人身上，
無論你多努力多成功，他也是不會對你讚許；
也許，你是有多重視那一個認識多年的知交，
但如今他身邊有一個比你更重要的朋友，
他總是不會明白你為他所付出過的一切；
也許，你很喜歡你的工作，
但你的努力與成績得不到別人的理會，
大家就只會著眼於你偶爾的犯錯，
公司也不會好好回應你的想法，還有你的認真；
也許，你曾經有一個想要實現的目標或理想，
可是現實讓你發現，自己喜歡的事情，
並不就等於有權利去令之成真，
有時就算付出多少努力與時間，
最後也是徒勞無功，甚至連開始的起點也找不到。

你不是不想努力、沒有決心，
只是一直以來，

你試過被太多的人與事所拒絕，
越是認真，越會累積更多孤單，
越是希冀，越會獲得更多失望。

然後，漸漸，
人會開始害怕對別的人與事抱以期望，
以為從一開始不去希望，
就不會得到失望；
以為只要不去跟別的人與事發生關連，
就不會被傷害、被拒絕捨棄。

但其實，自己只是對世間的一切人與事，
都變得戰戰兢兢，
不敢去奢求對方的回應，
也不敢去回應自己的需要。
寧願讓自己去學習或適應，
如何用最自然的表情，
去否認自己喜歡上一個人、或一件事情，
也別讓自己有機會去落入這一個，
名為單戀的位置；
不要被任何人察覺、也不要提醒自己去面對，
內心中那一個無助軟弱、
仍需要成長前進的自己。

不相信總有天，
自己的喜歡與認真總會得到別人的回應，

也不相信，自己的認真甚至自己這一個人，
是真的有被別人珍惜、尊重、理解、
回報、關心、愛護的可能⋯⋯
寧願表現得堅強、獨立、有成就、有自信，
也不要去依靠任何人、
不要去期待那一個人會回應自己。

你怕的，
不是被對方拒絕、無視，
而是對方連為你拒絕的說話，
也不願意去說一句；
寧願已讀不回，
也不肯去想一個拒絕你的理由、或是藉口。

然後你這一份不獲回應的單戀，
就只能夠隨著年月過去，
讓更多的塵埃封埋遺忘，
變成一堆你不願再觸碰的包袱。

你決定，
以後不要再輕易去單戀任何人與事，
除非對方先對你表達認真、先去為你打開心扉；
然而在等到之前，
那一個被埋封的自己、
那一份想要靠近別人的心情，
卻始終無法釋懷、也無法笑得開懷。

偶爾他會出現，問你是不是走錯了路，
然後讓你迷失在某個街角裡；
偶爾他會躲起來，讓你很懷念很懷念，
從前那一個會那麼認真相信的自己，
從前那一個，即使甚麼都不懂，
但還是會勇敢相信未來的自己。

偶爾他會躲起來，
讓你很懷念很懷念，
從前那一個，
會那麼認真相信的
自己。

卑微

喜歡一個人，
本來並不是應該感到卑微的一件事。
你只是害怕對方會不會不喜歡，
那一個慣於躲藏、軟弱卑微的自己。

喜歡一個人，
本來並不是一件卑微的事。

能夠清楚自己喜歡的人與事，
其實是相當難能可貴。
試想想，有多少人，
始終都分不清自己的感覺，
一直在不同的人之間穿梭尋找，
但還是不能知道自己所要；
又有些人，以為已經找到所愛，
到最後才發現原來只是自己一廂情願，
自己並不是真的喜歡對方、
原來只是喜歡對方的某些好處，
終於發現了，但過去了的歲月青春，
卻也不能再輕易回頭。
有些人，甚至因為曾經受過的傷害，
而不敢再去喜歡別人、對人投入太多感情。

如果可以重來，

大概每一個人都會想擁有一種能力，
如何去分清楚自己真正喜歡的事情，
在分岔路之前，
如何去選擇一條真正適合自己的路；
只是學校沒有專門的學科去教，
大家都是經過碰碰撞撞，
才慢慢學懂怎樣選擇、
專心一志向著目標去追，
又或是嘗過幾多苦水，
才可以練習到心如止水，
不要對其他不重要的人與事有太多在乎。

只是，那一天，
你終於找到那一個真正喜歡的人，
他就是你心目中的理想，
但你的腳步追不上你的心意，
你的嘴唇表達不了你的歡喜，
在他的面前，
有過多少成就也交換不到一點自信，
在他的背後，
有著幾多真心也推動不了你步向前……

其實你只是喜歡了一個人，
你跟以前沒有任何分別，
又或者應該慶幸，你成長了，
終於成長到知道誰才是自己真正喜歡的人，

成長到願意為一個本來與自己無關的他，
分享你的快樂、甚至是只希望他會幸福快樂，
以前的你並不懂得這樣想，
也從來沒有如此一心一意過，
但如今你反而卻步，反而變得卑微起來。

是因為對未知的一切感到害怕嗎，
害怕自己會被對方拒絕，
害怕最後會受到傷害、又一次的傷害，
害怕如果這次失敗了，
以後未必再可以遇到一個，
能夠如此讓你在乎著緊的人；
還是你其實真正害怕，
自己的害怕會被他所發現，
他也會跟你一樣，不會去喜歡那一個，
你太想去掩藏、卑微軟弱的自己。

其實你只是喜歡了一個人，
你跟以前沒有任何分別，
又或者應該慶幸，
你成長了。

回答

所謂等待，

也是該有一個限期。

無止境地留守在同一個位置，

但始終等不到，那或許是一種堅持，

又或許那其實是一種逃避，

逃避讓自己面對，逃避去放棄而已。

／／／／／／／／／／／／

有一個問題，你好想問他，

但你始終還是沒有開口去問。

其實你是有多想去知道，

那一個答案。

只是你與他的關係，

不知道從甚麼時候開始，

變得不再親近，

也不可以再隨便去說出心底的話。

不是你與他變得完全陌生，

不是他不會再理會你的來電或短訊，

但每次回覆，都總是過了一天才回覆，

每次回應，都是有著一種禮貌的客套。

你知道，自己依然是他的朋友，

但不再是以前曾經有過的那般親近，

有時你會想，如果你不再找他，

他也不會再想起你吧？
只是你又會為了這一個不肯定的答案，
而忍不住想要去找他，
看他是不是真的完全忘了你，
看自己是不是已經完全不再值得，
他的半點在乎。

幸好，不是這樣，
至少他還會記得你這個人，
在收到訊息的時候，不會反問你是誰；
也幸好，他會回覆你的短訊，
而不是已讀不回、甚至是永遠的不讀不回……
但漸漸，你發現這一種情況，
比起完全的沒有著緊、完全漠視，
更加讓人苦笑不得。

是的，在他心裡，
你不是一個陌生人，
但卻是一個可有可無的短訊朋友，
會在文字裡客套、會用笑臉符號虛假相待，
卻不會再有對一個陌生人的好奇與新鮮感，
也不會有更多的認真與關心。

然後哪天，他也會真的忘了你吧，
將你們曾經有過的約定、還有你的問號，
都忘記得一乾二淨；

然後哪天，他又會若無其事地傳來短訊，
閒談幾句、問你的近況……

就是因為這樣，
那一個問題，你變得不能再向他發問。
因為你知道，即使你認真問了，
他也不會立即回答自己，
甚至是，不會再留下機會讓自己去問。

旁人或許會說，
你不勇敢去問，最後就只會委屈你自己；
但你相信，有些問題，
並不是一定要說出口、化成言語來憑證，
才可以得到被回應的資格。
只是你也知道，有些答案，
也不是只有等到有確切的文字言語，
才算得上是一個肯定的回應……
就好似，有時候不回應，
原來就已經是一種回應；
又或者，沒有變得更加親近，
甚至變得越來越淡，
其實就已經在暗示著一個答案，
只是你未必會想去承認，或是心甘情願……

不想承認，
自己最後還是換不到他的認真，

願意花最後一點時間，

來親口回應這些日子以來，

你對他有過的在意與著緊，他對你有過多少心跳。

也不甘願，

自己原來還是佔不到一個位置，

就只能當一個會客套、

但不會見面的普通朋友，

就只能得到他的逃避、虛假與漠然，

還有不可以再重來……

你其實不是不知道，

他沒有回答的背後，那一個真正的答案。

只是你不願意去承認，

寧願繼續去等他開口、去等不到他的回覆，

偶爾不忿心痛，偶爾茫然迷失，

不想離開，也不願去放手。

你其實不是不知道，

他沒有回答的背後，

那一個真正的答案。

等不到的鬱結

偶爾醒來，

還是會莫名地流下眼淚。

如果我們就只是塵世中的一點微塵，

那為甚麼心裡的鬱結，

卻比甚麼都要沉重，

沉重得，連讓別人知道也會覺得難為情。

如果說了

或許，
你對他累積了太多感受，
但是你從不會主動跟他提起任何一句。

你寧願生自己的悶氣，
也不願讓自己在他的面前更加委屈。

／／／／／／／／／／／／

有些感受，
你不是不知道該怎麼開口，
只是在找到勇氣去開口前，
你已經先習慣了放棄再說。

如果說了，但是對方不會上心，
那又何必讓自己的在乎，
變成別人耳裡的囉唆。
如果說了，但是對方不可能會改，
那又何必將自己的底線，
變成別人認定的無理要求。
如果說了，但是對方不會體諒憐惜，
那又何必拆穿自己本來還做得不錯的偽裝，
來讓人取笑。
如果說了，但是對方最後還是會離開，
那又何必要將自己的認真，
變成挽留對方的籌碼。

如果說了，但是對方還是不會給你答案，
那又何必用更多話語，
來換取更多的已讀不回。
如果說了，但是自己反而會為他想得更多，
那又何必要再繼續委屈自己，
然後更不懂去心息。

有些感受，
你不是不知道該怎麼開口，
只是在找到勇氣去開口前，
你已經先習慣了放棄再說。

不是因為他不會為了你的說話而有半點改變，
而是你其實早已經清楚知道，
他是不可能會再好好細聽你的想法或感受，
也不可能去誠心回應你的各種不安與認真，
原來自己早已經沒有和他對話的資格、
和他再對等交往的權利；
就算你有多想大聲地向他控訴，
但最後你只會跟自己說，別再想得太多。

有些感受，
你不是不知道該怎麼開口，
只是在找到勇氣去開口前，
你已經先習慣了放棄再說。

你以為

有時你以為淡了，
但原來只是自己藏得太深。
有時你以為忘了，
但原來只是自己逃避記起。
有時你以為醒了，
但原來只是自己一廂情願。
有時你以為完了，
但原來只是自己了斷不了。

／／／／／／／／／／／

你以為，
在你們之間，從來不需要解釋說明太多。
你以為，
自己是做錯了甚麼，才會讓他再三逃避你、不肯回應你。

你以為，
自己應該早已經習慣別人的無視忽略。
你以為，
自己一直忘不了的那些事情，對方也會跟你一樣念記。

你以為，
即使不能夠成為情人，
彼此也可以做一對朋友、在對等的位置去繼續交往。
你以為，
自己還有許多時間，

就算要再花更多年月去等，你也會心甘情願。

你以為，
你說了一句話，最少會得到一個回覆。
你以為⋯⋯

你以為，
他得到自由了，
你也應該可以讓自己更自由。
但原來，
這始終不是你最想要的自由。

你以為，
你們以後也會不相往還，
但只是一件關於他的小事，
原來依然可以讓你過分在乎；
你以為，
自己快要忘記他的時候，
但他一個來電、短訊或讚好，
卻讓你知道自己原來未忘⋯⋯

原來以為，
只不過是讓自己別再想得太清楚，
可以繼續無痛地沉溺下去而已。

你以為，
他得到自由了，
你也應該可以讓自己更自由。
但原來，
這始終不是你最想要的自由。

他認為

你以為對他好，
他就會對你一樣好。
只是他始終不會這樣認為，
你的認真無法改變他的自私，
那麼再以為更多，
其實就是縱容他傷害你自己。

你以為你們還有可能，
他卻認為你是在痴人說夢。

你以為自己已經做了他喜歡的事，
他卻認為你所做的一切都會惹他討厭。

你以為你們還有溝通的可能，
他卻認為你的問好訊息是一種囉唆。

你以為自己的默默等待不會對他造成打擾，
他卻認為你再這樣守候下去是一種無形壓力。

你以為你可以比其他人更喜歡他，
他卻認為你其實沒有喜歡他的資格。

你以為他遲早會明白你的苦衷而感動，
他卻認為你的苦衷不過是你自己製造的一個藉口。

你以為你們有天可以再次和好如初，
他卻認為你們從來沒有真正的親近與和好。

你以為你所做的一切都是為他好，
他卻認為你不再找他才是對他最好的證明。

你以為你差一點就可以明白他的想法，
他卻認為你是在刺探他的私隱。

你以為自己可以對他不求回報，
他卻認為你只是別有用心地想要討好他。

你以為他會知道冷漠無視是有多傷害人，
他卻認為一直以來都不過是你自討苦吃。

你以為自己已經為他想了很多，
他卻認為你只是為你自己而想得太多。

你以為認真交心可以得到認真的回報，
他卻認為自己不需要對你有半點認真。

你以為自己所做的會讓他有半點認同，
他卻認為從來沒有人要你去為他做這些事情。

你以為他哪天或許會良心發現，
他卻認為你實在把自己看得太過重要。

你以為你的生氣冷漠可以令他清醒，
他卻認為你只是假裝生氣來換取他的憐憫。

你以為你的離開會令他有半點後悔，
他卻認為自己根本不需要對你負半點責任。

你以為既然如此你們以後會不相往還，
他卻認為哪天他想的時候還可以再給你一聲問好。

你以為你們沒有半點可能，
他卻認為你太過拒人千里。

你以為自己應該早已放下，
他卻認為你的終於回覆並沒有投放太多認真……

你的以為，
始終敵不過他的認為，
而你如今還是會對他的認為太過認真。

不敢給自己有太多肯定，
不想對他的認可有半點錯過，
因為你希望你們之間還有改變的可能，
只可惜有些人與事，
從一開始就註定不會變改，
他早已對你有太多先入為主的認為。

你再以為更多，也只會變成縱容。

傷害你的人，

除了他，還有一個人……

就是你自己。

你希望你們之間
還有改變的可能，
只可惜有些人與事，
從一開始就註定不會變改。

失蹤

想回到從前，
有時不是為了找回
失蹤了的感覺和節奏，
而是你已經再沒有勇氣
和他一起走向未來。

／／／／／／／／／／／／／

你問，
是不是兩個人走得太近，
有些感覺就會漸漸不再一樣，
再沒法回到從前。

從前，他兩秒鐘就會回覆短訊，
你會立即給他送上最熱切的笑臉。
從前，他有空的時間就會來找你，
你喜歡在夜深未睡的時候給他電話。
從前，他喜歡帶你去很多地方，
尋找最美的晨曦、在流星雨下和你許願，
你和他有過多少合照、約定以後要去得更遠。
從前，他說過最喜歡留在你的身邊，
當你失意時，他一定會拋下一切趕來陪你，
你也說過要讓他快樂，不會讓他再有半點憂愁……

從前，其實也不是很久的從前。
只是不知道為何，來到這一天，

短訊的內容，由問候笑臉，
變成一個單字、或已讀不回；
原本每晚都會通幾次電話，
現在連說一句晚安也覺得困難。

以前你們經常都會見面，
如今大家都不會再主動約會，
彷彿很忙，即使明明知道對方有空，
即使他就在你不遠的附近；
等到終於可以見面了，卻沒有了以前的親密，
沉默成為了你們之間的節奏，
手機在你們的手上關了又開。

你不敢正視他裝作自然的笑臉，
怕自己會想得太多，
又怕自己會洩露內心的不自然，
會讓他比你想得更多，
然後讓這一次見面又再不歡而散……

很乏力，你知道對方也跟你一樣，
只是你不知道，
到底是誰的問題、哪裡出了錯，
也不知道為甚麼會變成這樣，
以後還可以怎樣。

越是用力，越發現自己無能為力，

越是靠近，越感到距離變得遙遠，
你也想讓他高興，但反而突顯你的討厭，
你努力壓抑情緒，卻逃不過他的嘆氣聲⋯⋯

漸漸你們寧願沉默，
不想再有機會令對方生氣，引發更多爭吵，
也不想最後會發現，大家原來已經無話可說，
你們的沉默並不只是一場競賽，
而是你們之間僅餘的默契⋯⋯

明明以前，你們可以無所不談，
你們是對方最重視的那一個人，
一個無聊笑話，可以輕易讓你們樂上半天，
一下無言對望，可以印證你們的心靈互通；
但如今沉默對望，連呼氣也會感到壓力，
堆積更多快樂，也無法沖淡繼續累積的無奈沉重。

即使你其實知道，
你們都好想變回從前一樣，
那般相親相襯、繼續去做對方的天下無雙；
但那時的你們卻像是已經失蹤，
你一直努力在他身上想尋回以前的他、
還有他眼中那一個熱切快樂的你，
但就偏偏只找到更多的陌生爭吵怨懟隔閡惶惑不安，
來印證你們已經變了、不再一樣，
也逼使你終於不得不承認，

失蹤了的不是你們，
而是最初的那一點心動與勇氣。
寧願繼續沉默、假裝從未變改，
都不敢向對方坦誠你的逞強軟弱、
去問對方此刻的真正的想法與感受，
也不敢去承認，自己如今更想念的，
是從前曾經互相心動的你們……

你們都好想回到從前，
只是你已經再沒有勇氣一起走向未來。

是不是兩個人走得太近，
有些感覺就會漸漸不再一樣，
再沒法回到從前。

不介意

你可以不介意
繼續為他守候下去，
甚至不再介意
他對你有更多無視忽略。

只是你還是會介意，
故事最後的結局，並沒有你的位置。

/ / / / / / / / / / / /

你不介意，
自己始終未能真正和他親近。
每一次，你在街上難得地碰見他，
他都會說，為甚麼近來你都沒有找他，
有空應該多點出來，和大家見見面呀；
你每一次都會不答話，只讓自己微笑，
不想反駁他、其實是他一直沒有找你才對，
也不想怪他，每次跟其他朋友聚會都從沒有叫你，
將你完全排除在他們的圈子之外。

你不介意，
他每次找你都是另有所求。
找你為他介紹某人、
找你幫他辦某些事情、
找你去聽他的煩惱、
找你去陪他打發節目的空檔時間……

然後，你滿足了他的需求之後，
他就爽快乾脆地將你拋開，
不會理會你有任何感受，
更不會去答應你的任何請求。

你不介意，
他對任何人宣稱你是他的好友。
即使有多少次，
他將你只告訴他的秘密說給別人知道，
又有多少次，你需要他這個好友支持，
他卻輕易的將你出賣、與別人一起取笑批判你……
但每次你都選擇原諒他、或是從不會有半點責怪，
你依然會對人承認他是你的好友，
雖然有時候你越承認，他反而越會對人否認，
彷彿你這個人從不配去當他的朋友。

你不介意，
他總是會對你的短訊已讀不回。
最初你是介意的，不論你原本在說些甚麼，
他都可以突然毫無預兆地失去蹤影；
但當你試多幾次這種情況，
你就會發現這原來只不過是等閒事。
即使後來你或會發現，他對其他人並不會這樣，
原來他就只會對你選擇已讀不回，
即使你有時也會學著對他已讀不回，
然後就立即換到了他對你的批評埋怨……

但至少，他還沒有完全將你的訊息完全封鎖，

至少，他偶爾還是會繼續回覆你的稱讚問好。

你不介意，

他對你的事情毫不著緊。

就算你在自己臉書裡說明過多少次，

又或是特意給他電話短訊通知他，

但他就是有能力將你的事情當作耳邊風，

你最近發生的大小事情，他不會有太多留心，

你生日了，也不會收到一句簡單的生日快樂，

更別說你經歷過哪些榮耀或傷痛。

你不望他會清楚記得你的事情，

就只望他不會在你需要他的祝福時收到他的來電，

卻原來只是想你去幫他又做些甚麼。

你不介意，

他的眼裡只會有著別人。

明明你更需要他的在乎，

但他會讓你知道，他更在乎別人的在乎。

明明你想見他多一點，

但他寧願對你爽約，也不想錯過別人的可能邀約。

明明是你花心機去送給他的禮物，

但他會將之轉送給別人、為的只是求得別人歡喜。

明明你都表現得不想再理會他，

但他仍是要找你去陪他傾訴。

明明他都知道這樣下去是沒有結果，
但你還是會支持他繼續下去……
因為你看著他，彷彿看著另一個自己，
但他比你幸運，至少還可以得到你的支持，
至少並不是沒有人明白自己。

你不介意，
他有天會從此離開你。
或者其實你是早已預知，
你跟他在將來不可能再有任何方式的連繫……
可能是因為，
他真的冷漠絕情得毫不顧念你所做的一切，
不再需要你的陪襯、也不想你再有半點接近，
他將你的一切都完全斷絕封鎖，
然後你們就從此不聞不問；
又可能是因為，
他不是完全不顧念你的好，
只是將來他會遇到一個更懂得他、
而他終於變得成熟、
懂得要好好珍惜愛護那一個人，
他知道應該將時間花在值得的人身上，
因此再沒有空去照料太多人的感受……

但不論如何，你還是會期許，
在那天來到之前，
自己不會再因為他的忽略無視介意太多，

不會再因為他的虛情假意而有太多觸動，
不會再因為他突然的失蹤遠走而太過失落，
不會再因為他對毫不顧念你的感受而自憐自傷，
不會再因為要得到他的認同而將底線降得無可再低，
不會再因為要假裝不介意而繼續勉強去淡然去微笑⋯⋯

只望那天來到之前，
你不會再需要繼續假裝不介意，
可以對別人甚至對他說，
其實你曾經真的很介意，
介意得有多少晚讓你失眠、
還累積了多少年的鬱結。

只望那天來到的時候，
自己不會還介意他的幸福美滿，
而忘記了在沒有他的世界裡，
你的天空原本是那麼亮麗無瑕。

你不介意，
他有天會從此離開你。
只望那天來到之前，
你不會再需要繼續
假裝不介意。

矛盾

偶爾，

你會為他想得太多，

卻又不想讓他知道太多，

想再與他更加靠近，

但又想他從此不再找你。

你不想再為他變得如此矛盾，

但又盼望有天他可以明白你的難堪。

/ / / / / / / / / / / / /

矛盾是，

你不想再想起他，

但下一秒還是會繼續想更多。

不想自己被情緒支配，

但還是會因為他而一再失去理智冷靜。

昨天還會因為他而充滿勇氣，

但這天卻又會因為他而無地自容。

昨晚還會說他不是你的誰，

但這晚又會因為他的突然邀約而著緊不已。

不會承認他對你有多重要，

但他輕輕一句話，卻又會重重壓在你心裡。

不會主動去問他的事情，
但他臉書裡與一言一語，你卻一直悄悄地留心關注。

不喜歡自己被他長期忽視，
但最後還是忍不住主動聯絡對方。

不喜歡他的冷言冷語，
但每次還是會不自覺地對他溫柔。

就算他完全不會顧念自己，
但他有事了，你還是會第一時間去關心對方。

就算你知道自己沒有犯錯，
但他不說話了，你又會先去開口、甚至去說對不起。

即使他經常對你的短訊不讀不回，
但還是會怕自己偶爾的沒有回覆會讓他太難受。

即使朋友都說你不應該對他太好，
但你其實已經原諒過他太多次，而沒有讓朋友知道。

你知道不該與對方繼續接近，
但又不捨得從此不再回應他的訊息。

你知道不該再被他浪費你的好，
但你還是抵擋不住他每次對你的軟言相求。

你知道有些問題應該要問過明白，
但到見面的時候卻又會不敢開口。

你知道有些事情其實應該要說清楚，
但又怕如果說得太清楚會讓一切從此完結。

矛盾是，
他明知道你有滿腔的煩惱等他回應，
但他還是會一直裝作不知道，還會笑你想得太多。

矛盾是，
你明知道他其實不想認真回應自己，
但你還是會如此下去，
用自己的尊嚴祈求換取他的尊敬；
直到哪天他還是寧願與你不再往來，
直到你終於願意離開這個迷陣為止。

矛盾是，
你不想再想起他，
但下一秒還是會繼續想更多。

裝
懂

有時候，
你其實不懂他的想法，
但依然會裝作明白，
只因為你不想被他疏遠捨棄。

有時候，
他不是不懂你的心情，
但依然會裝作不懂，
只因為他不想被你繼續纏繞而已。

有些事情你其實不懂，
但你依然裝作懂得，
只因為不想哪天會被對方捨棄。

其實你不懂，
為甚麼他會不再與你親近，
也不懂，為甚麼他越來越不想向你坦白。
你問他一句，他不想回答，
你沉默不語，他怪你小器；
即使你只是想知道他的想法、
或只是一些他對你的感受，
但在你們之間，彷彿已經有太多隔閡，
每次你開口坦白你的煩惱，
他都會表現得更加煩惱，

你對他有任何看法，

他都會覺得你誤解了他的想法，

但又不想跟你解釋、甚至不想再談更多。

他是不想跟你再親近嗎，

他會怪你想得太多；

你是可以繼續去找他嗎，

他會說你太過著緊……

彷彿是你變得不再像以前的自己，

彷彿你所做的事情容易讓他感到壓力，

你一直為自己是否真的誤解了他而感到不安，

在他面前，

你所說的每一句話，

都開始變得小心翼翼，

不敢亂給意見，不敢不去表示支持，

不敢說你不懂，不敢讓他知道你的不安……

不想他會覺得你仍然對他誤解、

不想再被你去了解，

也不想他會找到半點藉口，

讓他從此不再接聽你的電話、回覆你的短訊。

但當你太過小心在意，

你又會害怕，自己臉上不自然的笑容，

是不是真的能夠傳達你的心意；

你不想和他吵架、為你們的情誼留下任何疙瘩，

但是他依然不會開口，你也不敢去問，

這一種表面平和實則淡然的交往，
沒有讓你們更加同步，
也不可能會突然變得更了解對方。
你知道自己只不過在扮演著一個，
似乎很了解他、還會繼續支持他的同伴，
而事實上這段關係越來越脆弱、
你內心越來越軟弱，
卻從不敢去對他有半點吐露……

你只會看著他跟其他人走得更近、
叫自己不要太介意別人取代了你的位置；
也只會叫自己不要太介意他的更多忽略無視，
他對你的誤解，是因為他最近太忙，
他對你的皺眉，是因為他心情不好，
他對你的冷淡，是因為你做得不夠，
他對你的疏遠，是因為你並不懂他……

你告訴自己，
只要自己能夠明白他多一點、
更加懂得他的感受與想法，
之後你們的關係就可以回到從前一樣，
到時候你就可以，
將你這些日子以來有過的想法、
感受、煩惱、期望、不解、還有思念，
都一一向他細訴分享……

但你就算如何盼望，

你還是只能看著他越走越遠，

你很想讓自己明白，

他為何要刻意避開你，

但到最後又會變得讓你越來越討厭自己。

直到許久以後，

你終於可以不再仰望他的光環，

不再在乎他有心或無意間的冷漠傷害，

又或是你們之間已經不再往來、不聞不問，

你才開始明白，

其實有問題的不一定是你自己，

不是你對他不夠了解、有太多誤解，

才會讓你們兩個人漸行漸遠；

而是在那個晚上開始，

比起與你親近，

他另外有更想去接觸的人與世界，

不是你變得不好，

而是他沒有心再去了解你本來的好。

只是他不想讓你明白這當中的心理，

寧願由得你繼續胡思亂想、

說你不懂來掩飾他的不想你懂，

不想如實坦誠地讓你知道，

你們再這樣下去就只會註定越走越遠……

有些事情他其實懂得，
但他依然裝作不懂，
也不去問、沒有半點關心，
只因為不想將來會被你繼續纏繞……

許久以後，你終於懂得他這點心理，
你心裡苦笑，
想知道他那時為甚麼不可以如實相告；
但其實有些人，你知道並不需要勉強去懂。
如果彼此沒有決心繼續一起走下去，
如果在最不懂得對方的時候，
都不願意為對方花心機花時間留下來去了解更多，
那麼就算再裝作了解、或是自以為是地了解，
也只會為來日留下更多不解的刺痛……

然後傷害的，還是你自己。

有些事情你其實不懂，
但你依然裝作懂得。
只因為不想哪天會被對方捨棄。

害怕

你怕的，並不是你們之間有多少問題，
而是你們不會一同面對，
然後他成功讓你變得不再害怕，
也讓你終於學懂不會在乎。

/ / / / / / / / / / /

你怕的，
並不是你們之間出現了問題，
而是有天你們會放棄思考如何解決，
而最後你們變得更加生疏，也不再認得彼此。

常聽說，離開容易，
留下來需要更多勇氣；
但更多的情況是，未到最壞的情況，
都沒有人要決心離開，
只是那半壞不好，也沒有人要決心去改變。

與其說是勇氣，你怕那也許只不過是習慣，
彷彿是一場耐力賽，考驗彼此的耐性，
你盼對方有天會為你有多一點著想，
願意主動去為你改、為你著緊；
他也盼有天你會對他有多一點體諒，
願意不再執著計較、犧牲更多。

可這點心理，一直沒有在你們之間明言，

即使有多少個夜深，
你為你們始終不能夠一致同步而惶惑不安，
即使有多少個秋季，
你有想過不如就此算了、長痛不如短痛……

由最初你會想，他只是遲鈍、不明白你的心意，
到後來你會寧願相信，
他其實是有心拖延吧，他其實早就已經知道，
你最想要甚麼，你最希望得到的，
也是他一直都下不了決心去為你做的……

你知道他知道，從他的眼光裡，
他應該也知道你已經知道；
就算你們這天始終都不會向對方攤開說清楚。

多少個日與夜，因為這一點的明知而不問，
你們兩人之間漸漸生出了幾多重隔膜，
縱然依然在牽手微笑，卻始終沒有真正親近；
但可笑的是，這也成為了你們之間難得的默契，
一個不要說穿不要坦誠的默契。

明明，你們是對方最親近的人，
明明，你們最初可以無話不說，
明明，你們想過要與對方走得很遠很遠，
明明，你們都知道，再這樣下去，
總有天不只會無話再講，會到此為止……

你記得，以前當你們遇到一些問題，
你們會試著去溝通去了解去磨合，
不輕易放棄，不忍心讓對方自己一個人，
去為那點小問題而煩惱或鑽牛角尖；
寧願彼此也主動多一點，
去解開對方臉上的皺眉，
然後有天讓彼此也學懂，
原來有些快樂是要在困難逆境當中，
一同經歷面對，一同栽種看守，
才會變得更深刻珍貴，才會讓你們可以走得更遠。
只是不知道從哪天開始，
你們都放棄了去再跟對方一同苦惱。

他會以為，你應該明白他的處境，
你也認定，他不會真的想要去改；
是甚麼時候，你們學會了如此的以為與認定，
是因為你們成長了，在現實中嘗過太多的失望，
你們漸漸都變得不敢再要求他人，
也不敢再對你們的將來有更多的期望？

還是你哪天忽然頓悟，
人越長大，就越難去改變，
尤其當他也向你表示，你不用去為他改變甚麼，
就只要眼下這刻彼此開心快樂就好；
而你其實想讓他知道，
你需要的並不是真的要去改變，

而是你和他可以回到最初認識的時候，
讓兩個人的心更加緊靠，那就已經足夠……

你怕的，
並不是你們之間出現了問題，
而是你們彼此都覺得沒有問題，
不會再一起去思考如何解決，
也不會再一同面對彼此的真心、
留住對方眼內的那點著緊。

離開容易，留下很難，
但這天你還是繼續留下來，
看著對方的笑臉，言不由衷，
是不捨得，是相信還可能有奇蹟，
直至哪天你讓自己學會開不了心，
你想再重新開始，也已經無力再講。

你們都知道，再這樣下去，
總有天不只會無話再講，
只是不知道從哪天開始，
你們都放棄了
去再跟對方一同苦惱。

解鈴

解鈴還需繫鈴人。
但有多少次，你為了解開心中的結，
被對方一再逃避或拒絕，
反而讓那一個結變得更難解開；
原來那一個繫鈴人，
並沒有為自己解鈴的義務與溫柔。

不快樂，會想找人傾訴。
只是有時令自己不快樂的，
卻是那一個你想去尋找的人。

安慰的說話容易去說，
但真正的陪伴，
卻需要時間、耐心與溫柔。

雖然他跟你說過，
有事的時候可以隨時跟他傾訴，
但你不肯定那是一種客套的說話，
還是一個對你認真的承諾。

你試過找他，他說他在忙，
你試過等他，他卻一直沒有回答，
漸漸你都不敢肯定，
他是真的沒有時間理會自己，

還是自己的不安不值得去讓他關注。

找過幾次，等過幾多分秒，
你不敢表現得太強求，
怕自己對他有太多打擾，
也怕自己會被別人以為是在尋求別人的注意。

漸漸你會寧願尋找一些，
更簡單直接的方法來讓自己快樂，
也不想因為要找一個人陪伴不快樂的自己，
而換來更多的不快樂。

就算有時會孤單、會覺得別人不明白你，
但只要自己還會笑，還可以看著眼前的螢幕發光，
難過就似乎沒有那麼難過了；
那又何必再想得太多，
想念那一個未必想念自己的人，
而讓自己有更多難堪？

即使心裡隱約知道，
自己正向著一個更難快樂的方向下潛，
即使你其實明白，那一個自己最想去找的人，
才是讓自己不快樂的真正原因。

如此下去，以後只會越離越遠，
但你寧願想像不如不見會讓自己更加自在，

也不敢想像多年之後還會想起，
曾經有一個人，會認真看著你的雙眼，
和你一起笑一起瘋過，
還許諾過以後都會願意陪伴自己，
就算世界都變了，
你們的情誼卻永不會改變……

你很想找回那時候的他，
只是就算哪天再偶遇上，
你們卻已經再認不得彼此。

安慰的說話容易去說，
但真正的陪伴，
卻需要時間、耐心與溫柔。

累了

累了，你可以歇一會，
可以躲起來讓自己療傷，
但請記得，你身邊還有疼你的人，
冷了，會讓你溫暖的笑臉，
累夠了，再伴你一起努力振作，
你不是只有自己一個人。

有時你會覺得累了，
不想再與人有更多互動，
並不是因為你身邊沒有願意疼你的人，
只是你總是會遇到一些突然遠走的人。

有些人最初或會讓你以為，
以後你們可以走下去、談下去，
就算未必可以走到白頭，
至少也應該可以成為對方的知交。
只是到了中途、甚至去到最後，
你才發現原來不然，
他忽然的冷淡、不再回應，
就算昨天你們仍然交好、有過多少約定；
但你試過多次的已讀不回、
甚至在街上遇見卻假裝視而不見，
你默然的承受、裝作淡然，
心裡卻取笑自己想得太理所當然。

你努力讓自己平常心對待，
但還是會感到無比的失落難過，
本來每天有一個人陪自己聊天短訊，
本來每夜有一個他與自己一同編織未來，
忽然之間沒有了，
甚至沒來由地被對方討厭逃避，
你不知道要如何方會習慣，
也不知道這個惡夢何時方會清醒……

人越累，卻越會想念某誰，
縱使那人也是令你如此心累，
你卻偏偏會沉溺更多。

你試過找另一個陌生人陪伴自己、
希望可以忘掉某些之前被冷落的感覺，
有時也許會短暫見效，
有時卻讓你跌進另一個，
依賴與被依賴的迴圈；
有天你還是會因為失去而失落，
又越來越不清楚原本的初衷、
一直努力假裝若無其事的自己，
卻又越來越感到未能自在、
沒有交出自己的真心，
結果也總是無法留住別人的心。

然後你再找尋更多的人陪伴，

去試著尋回當初的感覺，
卻對一切事情的感受，
變得越來越模糊遲鈍；
然後，你漸漸或會有一種錯覺，
以為自己不需要得到別人的疼愛，
你一個人也可以堅強，
你讓自己繼續一個人也好，
至少不會有機會讓人傷害自己，
也不需要再向別人翻開自己的傷疤……

有時你會覺得累了，
總會覺得，
身邊沒有一個真正了解自己的人，
沒有一個人可以與自己分享心事、笑得開懷。

也許是因為，
你曾經遇見太多不對的人，
也許是因為你受過太多傷痛、
而變得不知道再如何向人打開心扉……

但其實，你身邊不是沒有疼你的人，
不是沒有人給你最溫柔的擁抱，
你只是一時鑽了牛角尖、不想停止下潛，
在黑暗的深淵裡獨自尋找失落的勇氣，
又盼找回當初那個捨你而去的身影。

然後你潛得太久，
不知道還有人一直在等你回來，
以為這漫長黑夜裡，
就只有你獨自等待天明；
以為一切都是自作自受，
始終都不肯願諒自己。

其實，
你身邊不是沒有疼你的人，
你只是一時鑽了牛角尖，
以為這漫長黑夜裡，
就只有你獨自等待天明。

未夠好

努力付出到一個地步，
就算別人如何稱讚你的優點與成就、
說你已經盡力了、做得很好，
你都不會覺得高興或滿足，
反而只會更加厭倦疲累。

因為你無論怎麼努力，
都得不到最在乎的人點頭認同，
還有他的喜歡；
一而再地被拒絕被無視，
讓你更相信自己仍然做得未夠好，
也越來越沒有信心自己可以做得更好⋯⋯

然後別人說你其實已經很好，
你想笑，卻感到了更多孤單。

朋友對你說，
你很好，你已經很努力了，
你應該開心，也應該有多點信心。
但是你聽見後，反而感到不自在，
甚至會覺得，你不是如別人所說的那麼好，
自己還是做得未夠好。

真的有那麼好嗎？

如果自己真的已經夠好，
那為甚麼他會始終不肯回應你的短訊，
為甚麼自己的默默付出與等待，
每次總是會被他蔑視、捨棄。
昨天明明還在身邊和你微笑，
這天卻已經變得完全陌生。
你盼望他能夠給你多一點肯定，
但最後反而會越來越不清楚你是他的誰。

你一直陷在不安定的情緒裡，
忽冷忽熱、時近時遠，
循環反復，卻看不清楚這條路的終點。

每天你都會問，自己是不是未有做好甚麼，
才得不到他的稱讚與回應。
別人都說你已經做了很多、做得很好，
你心裡卻會有一把聲音說，
自己做了這許多許多，
但都得不到最想要的人認同；
你根本就做得不夠好，
可是別人卻始終都不明白，
越說你已經很好，越讓你覺得孤單，
更不想向別人分享或尋求幫助。

你寧願繼續每天去檢視，
自己有沒有做錯甚麼、有甚麼不足夠，

細微到短訊應該用哪個笑臉符號、
才會讓他高興不會讓他厭煩，
應該等幾多分鐘後回覆，
才不會對他造成太多打擾；
越是小心在意，越是變得敏感，
習慣了繃緊，忘記了讓自己放鬆。

漸漸，每當你盡力完成了一件事情，
你不會讓自己先去感受滿足或喜悅，
而是會太在意他的臉色或反應、有沒有回覆，
然後會問，為甚麼他的反應不如你的期望，
為甚麼依然會換來他的無視或忽略，
是不是哪些地方出錯了，
是不是自己還未夠好，
是不是他放棄了，是不是自己想得太多⋯⋯

不停地自我懷疑的同時，
又會不小心地將他的一些行為合理化──
是因為你的說話沒趣，所以他才不會回覆，
是因為你對他抱怨，所以他才會選擇逃避，
是因為你太自我，所以他才不會打開心扉，
是因為你不好，所以他才會對你更差更差⋯⋯
於是你叫自己更加努力去做得更好，
同時也將你真正的自我繼續埋藏壓抑。

因為他不會重視你的感受與情緒，

漸漸你也以為是不需要去重視你的難過、
生氣、寂寞、不安、委屈與無助，
叫自己學習平常心、順其自然、
淡然地處理你的各種感受與需要；
但又會繼續為自己做得未夠好、
得不到他的認同讚好，而累積更多鬱結。
一直努力、付出，
一直自我推翻，
自信心變得越來越渺小。

你繼續去對他更好，
不是再為了和他更加親近、
令彼此可以更加快樂，
而是不想最後只換到得不到他的喜歡、
被他遺棄的結局。

因為你已經投入了太多太多，
你相信的好、你認真的著緊在乎、
那些你不曾對人有過的心跳、
那些只會為他而去做的傻事，
幾乎都是你生命裡的全部；
而如果他最後還是會輕易地遠走，
對你所努力過的一切都不屑一顧，
那麼到時自己還可以依然相信，
自己的好真有那麼一點價值，
你一直相信的一直堅持的事情與信念，

又真的值得嗎，
你義無反顧地去守候的這個人，
又會讓你感到無地自容嗎……
不想最後會得到這結果，
於是更盡心去做得更好。

即使旁人都說你已經太好太好，
但你還是希望能夠從他口中，
找到一個肯定的答案，
去認同你的付出，或解釋，
為甚麼他一直以來會逃避回應你的認真。

然後，經過了多少的日與夜，
你越是落力，越是得不到應有的分數，
反而習慣了這一種需要付出過很多很多、
才可能被對方接受認同的交往方式。

然後，到了哪一天，
你遇到另一個對你很好的人，
好到，你從來沒有為他做過甚麼，
但他卻願意無償地去為你付出、讓你快樂，
就算你不理睬、不回應，
他也彷彿不會計較自己的苦，
猶如一面鏡子一樣，
猶如曾經有過的你一樣……

但你還是不敢去相信，對方是真的待你好，
因為你沒有對他做過甚麼，也沒有刻意去討好過他，
為甚麼他會對你太好，
為甚麼你越是逃避，他越是不會放棄……

為甚麼他總是會說你真的很好，
而你還是會覺得自己並不值得、未夠好；
為甚麼不再相信自己可以被愛，
也不再相信自己還可以自在地愛一個人，
而不需要再讓自己有更多卑微。

即使旁人都說你已經太好太好，
但你還是希望能夠從他口中，
找到一個肯定的答案。

卻步

或許你可以不理會，
別人的取笑或責罵，
但還是無法逃避，
自己內心的迷惘與失落。

然後又會害怕被人發現，
再沒有勇氣向前的那個自己。

人有時會迷失，
以為自己沒有甚麼優點，
以為這個世界再沒有人需要自己。

真的有甚麼地方比人優勝嗎，
自己真有做過哪些事情值得自豪？
你無心去與別人比較，
但別人還是會用各種名目，
來將你這個人排名，
例如薪酬、成就、工作、名銜、伴侶、人際圈，
來判別你成不成功、是不是強者。

你盡量避免自己為這些事情想得太多，
只是心底偶爾又會有個聲音反問自己，
真的這樣就可以了嗎？
自己真的過著理想中的人生嗎？

曾經你以為，自己還有許多時間，
將來一定可以去做到自己想做的事情；
只是如今你活過了那些時間，
你做過了很多未必喜歡的事情，
但真正喜歡的，很多可能未必做得到，
或是得不到別人的認同。

也許你會跟自己說、甚至對人辯解，
只要自己喜歡，不就已經足夠了嗎？
但當你太常將這句說話放在口邊，
心底那種迷惘與焦慮感卻從來沒有變淡，
最後可能會想方法去盡量逃避，
例如去做一些比較容易成功的、
或是比較多人認同的事情，
來讓自己心裡的感覺沒那麼孤獨；
又或是開始會尋找別人的缺點與不足，
來讓自己心安、自我安慰，
還是有更多人比不上自己，
何必要太自責，何必要讓自己變得渺小。

漸漸你會習慣或適應，
將心力放在自己未必真正喜歡的事情身上，
可能會做得有聲有色，
可能還會得到更多人的認同與光環；
但原本你最喜歡最想做的，
卻也離自己越來越遠。

然後某天你或會再問自己，
這樣子真的又可以嗎？
以前那一個會朝著理想奔跑的自己，
真的沒有優點、沒有人需要嗎？
是不是真的可以從此將他捨棄，
是不是以後都不要再去記起、
曾經為自己喜歡的事情而認真的那個自己……

人有時會迷失，
以為自己沒有甚麼優點，
以為這個世界再沒有人需要自己。
有些人會選擇逃避去想，或變得卻步不前，
然後迷惘失落累積更多，漸漸會失去勇氣，
再沒信心去盡全力做好一件事情；
也害怕哪天朋友突然認真地關心自己，
從前樂觀自信的你，為甚麼如今不再笑得開懷。

人有時會迷失，
以為自己沒有甚麼優點，
以為這個世界，
沒有人需要自己。

消失

有時會想，
如果有天自己消失不見，
那個人是不是就會在意自己多一點。
但其實無論你消失多久、離得多遠，
對他的世界都沒有太多改變，
反而還會提醒你自己，不喜歡獨自一個人。

有時會好想，完全消失。

甚麼事情都不想理會，
所有留言都不再回覆，
不要勉強去找任何人，
也不要讓任何人找到。
快不快樂也好，就只需給自己知道，
寂不寂寞也罷，又與誰人有何關係。
不要因為再打聽誰的近況，
而讓自己忘記了應該放下，
不要因為再背著那些包袱，
而讓自己只能再繼續沉鬱。

已經多少天了，想說的心情，
都沒有好好表達，
都未能讓想靠近的人，明白，接受；
再寫多一句，再主動一點，
真的會有甚麼意義嗎……

偶爾會以為有意義，
以為自己一個人在這漫長的消沉之中，
漸漸學會了如何釋懷，
或累積更多溫柔，
一種沒有人願意接收的，溫柔。

自己其實只是一個人在努力去練習看開，
再努力練習到更高的層次，
與別人又有關係嗎；
自己還是會輕易因為別人的一句說話，
或一次無視，
而打亂了一直努力叫自己相信的，
正面與樂觀生活；
還是會因為聽見一首歌、看到某抹夕陽，
而想起為甚麼還是只有自己一個，
還是得不到誰的理解、接受與期待。

與其努力到最後，還是會得到這種結果，
不如從一開始就不要去期待、或嘗試，
也不要去期待別人會對自己也有期待、
不要去嘗試勉強別人也會嘗試去理解自己，
不要相信繼續走下去，
終於會找到可以笑著同行的同伴，
別要再想著如果自己哪天消失不見了，
還會有誰人注意得到、
會主動來關心自己一下⋯⋯

有時會好想，完全消失，
希望自己可以自由自在地，
不要再為某人而掛心，
不要再因為他的無視而失落。
只不過，越是自己一個人，
越是會察覺到並不是真的想自己一個；
只可惜，就算真的可以完全消失，
但自己的消失對那誰其實沒有太多意義，
他未必會知道，也不會有太多在乎，
消失了，他的世界還是繼續如常，
消失了，自己的鬱結還是會越來越深。

也許有天自己會看化，
不要再去勉強追求放下不放下、
不再去想如何練習自己一個人，
明天醒來，一切還是會照舊如常吧，
明年今日，也許自己依然會繼續看不開吧……
消失或不消失，重要或不重要，
你對自己說，又有何關係呢，
都只不過是又一場的自我修行，
一場理智與情緒的交戰，
而觀眾，就只有我們自己。

就算真的可以完全消失，
但對那誰其實沒有太多意義，
他的世界還是繼續如常，
自己的鬱結還是會越來越深。

同行

有些人總是能夠
將你原本的喜好與理想，
變得不值一提。

有些人卻可以輕易
讓你找回快樂與自信，
令你知道自己原來如何重要。

有些關係你未必可以斷絕，
但你還是可以選擇在乎誰更多，
去做彼此真正的同伴與家人。

有時候，
一些生活中你最常遇到的人與事，
會讓你漸漸忘記本來的喜好、
興趣、價值與目標，
以為自己所喜歡的事物原來不值一提。

為了得到那些人的認可，
有時你會不斷勉強改變自己，
卻始終找不到自己的位置與價值，
覺得自己沒甚麼優點特質、
甚至說不出自己的喜好與理想；
知道自己有問題，但未必找到方法，

不敢向那些人傾訴，也怕會被人拿來攻擊，
最後自責更多、讓自己變得更加卑微。

但其實，當下沒有喜歡的人與事，
本身並不是一件錯事，
又也許你只是尚未遇到，
可以讓你記起自己優點與喜好的人而已。

有些人會讓你變得更討厭自己，
同樣，有些人也可以讓你更加喜歡自己。
在他面前，你所喜歡的事情不再卑微，
因為你知道他會跟你同樣認真重視，
你們的記憶也會變得比以前更加明確清晰，
猶如這世上出現另一個自己，
可以幫你記下你的一切，又會最知你心；
就算偶爾你感到失意、忘記如何去笑，
他也可以伴你找回你原本快樂的模樣。

所以，與其為一些並不真正認識的人，
讓自己一再下潛、避開所有人，
不如也試試換一個想法，
從今天開始，暫時離開一直堅守的地方，
到外面去尋找可以真正交心的同伴；
這不是逃避，你知道有些關係始終斷絕不了，
但至少也要保存快樂與放鬆的力氣，
才可以與那些人與事繼續相對。

然後到那天終會找到一種智慧，
甚麼時候應該對哪些感受著緊、
對哪些煩惱要學會無視；
有些人是應該好好珍惜，
但有些人就算何等重要，
也不要太過仰望他的光環，
最後在不自覺間被他的影子過分支配，
卻又由得你一個獨行，在孤單中忘掉了自己。

有些人，
讓你變得更討厭自己，
有些人，
也可以讓你更加喜歡自己。

求
助

有時候，對在乎的人，

我們都習慣說沒有所謂、你喜歡就好。

但其實不是真的沒有所謂，

只是自己不敢去表達真心，

怕會得到對方的拒絕，

也怕面對那樣的自己。

／／／／／／／／／／／／／／

試過這樣嗎，

在最無助的時候，

你想有一個人可以對你施以援手，

但在你開口之前，卻過不了自己的心理關口，

最後你沒有向任何人提出你的煩惱，

讓自己一個人獨自繼續默默承受。

很多人都會說，有話應該要說出來，

不要藏在心裡，不要讓自己鬱悶至死。

只是當想到，

說，又真的可以向誰去說？

如果說出來，對方卻不願意聽，

或是會感到厭煩，又應該如何？

旁人或會不明白，

說就說、不說就不說，

這些想法又有甚麼值得去煩惱；

但對當事人來說，
當自己遇到問題、需要向別人求助之前，
卻往往先陷在這種應不應該去開口的迴圈裡——

如果自己提出這些要求，
會不會很過分？
如果自己的想法原來有點任性，
又會不會麻煩到別人？
如果這一次又向對方請求，
會不會讓他感到有壓力？
如果對方根本沒有時間、也有其他事情在忙，
他最後又會不會只得拒絕自己⋯⋯
結果最後又只會為難對方、也讓自己難堪，
與其這樣，不如不要開口吧？

然後在這樣胡思亂想當中，
本身煩惱的問題可能已經暫時解決、
變得沒有那麼急切需要別人幫忙，
你以為自己一個人也可以撐過去了，
卻也在同時間讓自己習慣，
不再對人表達自己的煩惱、甚至真正想法。

是因為以前試過太多次被人拒絕的滋味，
是因為以前試過講出自己的感受後、
卻被對方取笑、批判、孤立、甚至出賣，
是因為覺得自己不能夠像其他人般自信滿臉、

怕這樣的自己會麻煩到別人，
是因為自己早已經習慣去害怕太多、
於是將自己的想法與需要一再收縮埋藏，
在別人提出想法之前，
自己早已先將自我變得卑微，
害怕得太多，
於是自己的真心變得越來越渺小。

即使你還會擅長，
用最親善可親的一面來待人接物，
「我沒有所謂」、「你決定吧，你喜歡就好」，
彷彿只要能夠滿足對方的需要就好，
彷彿自己沒有半點需要應該被關注，
他說甚麼你都會聽，
他的想法你都會支持；
但你其實只是透過順應別人的想法及選擇，
來逃避去表達自己的真正需要與態度，
不想和別人有任何衝突、有機會被對方拒絕，
但在自己一直沒有明言開口的同時，
卻又會盼望有一個人終會懂得自己的真實想法。

於是有時會出現一種情況，
我們期望有個人願意傾聽自己的想法、
能夠體會自己的感受，
可是當別人真的來關心自己，
我們又不會在他們面前去放開懷抱。

或許我們會解釋，有些事情不需要明言，
只要對方願意陪伴自己，其實就已經很好；
但心底裡還是會或多或少地期望，
如果對方可以猜到自己的心意、
更加明白自己的想法，那就最好……

然後隨著時間過去，
這種沒有明言的期望，
卻又會累積成沉重的鬱結。
和他相對得越多，
就越覺得對方不明白自己，
相處得越久，就越會亂想，
對方從來沒有半點在乎。
但或許，對方也是跟自己一樣，
在不知道應該如何去問的情況中，
一個人獨自猜測太多、
然後又累積了更多疲累失望。

最後，大家都有太多的真心，
需要被明白、被接收，
卻又會因為未能好好溝通，
而感到被無視被傷害，
結果變成不歡而散、或從此不聞不問。

有些人會歸咎於自己不夠好、
不值得去被人愛護，

即使偶爾醒覺真相並非如此、
自己曾經也得到過別人的認真看待與珍惜，
只是在最需要好好溝通的時候，
卻被情緒過度支配而選擇偏見與沉默，
未懂得如何去正視及表達自己的感受需要；
有些人會繼續選擇不去主動向別人開口，
用重重的面具外衣來包裝自己、
方便去與別人相處，
懂得去幫人，但不知道如何向人求助，
不會拒絕別人，卻不敢面對那一個被拒絕的自己。

知道要好好珍惜，可惜還是會害怕，
有天終於坦白後，對方就會轉身遠走。

你以為自己一個人
也可以撐過去了，
卻也在同時間讓自己習慣，
不再對人表達自己的煩惱。

嘆息

如果，
我們就只是塵世中的一點微塵，
那為甚麼，
我們心裡的鬱結卻比甚麼都要沉重，
沉重得，連讓別人知道也會覺得難為情。

當，有些心意始終無法傾訴，
當，想見的人始終無法再見，
當，初衷已經遺忘、理想越來越遠，
當，如今剩下的還是只有自己一個……

或者，這些事情，
對你來說已經變得十分平常。
最初，你會以為自己熬不過去的，
你以為，自己一定會忍不住要對誰去傾訴，
一定會找到方法讓自己變好起來，
會變回從前快樂自信的你，
曾經，你是這樣以為。
但經過多少春風秋雨，
你沒有比以前更快樂一點，
也不覺得自己的心有淡下來。

變了的，是多了一點世故，
在不對的人面前熟練地談笑風生，

也多了一些沉默，
在本應親近的人面前，
不再輕易去說出自己的心裡話。

你知道的，這樣子其實對誰都不好，
如此下去，也只會讓在乎自己的人更加不明白自己，
只會讓自己變得更孤單，更不懂得去對人開心。

然而，你還是寧願將自己藏在這一個角落裡，
不想對人有太多打擾，
也不想自己的煩惱，
最後換來別人發現幫不到自己時的安慰說話，
令本來也有其他煩惱的人，徒增更多無力感覺。

說到底，自己的煩惱，
就應該由自己一個人繼續承受，
不應該麻煩任何人。

就算已經累積了幾多困倦，
你都會跟自己說，自己不過是宇宙間的一點塵埃，
微風吹過，就不留半點痕跡，
那麼自己再有更多的沉重、難過，
其實又算得上甚麼？
再有更多的思念、看不開、放不下、慚愧或悔疚，
只要一下微風，或嘆息，
那麼，又有甚麼還值得介懷……

然後，那些年過去，
你嘆息一下，說，
如今終於有變得看開一點。

我沒有說話，輕輕聽著你的嘆息，
一次，又一次。

就算已經累積了幾多困倦，
你都會跟自己說，
自己不過是宇宙間的一點塵埃。

藏心

比起遇到有一個人能夠愛你、明白你，
也許你更渴望遇到一個，
能夠讓你好好去愛的人。

／／／／／／／／／／／／／／

你說漸漸變得再不知道，
應該如何向人表達自己的感受。
即使你其實已經想得太多，
多到自己也不知道該如何放開，
但你的臉依舊笑得自然，
就像電影裡樂觀的主角，已經不再像你自己。

是從甚麼時候開始變成這樣。
以前本來，你也遇到過可以交心的人，
想笑，就笑得自在，
想哭，就哭得乾脆，
這是自小以來最熟練的情感，
卻從遇上某些人某些事開始，
變得不再一樣。

也許是因為，
你曾經遇到一個不懂得與你相處的人，
又也許，那一個人本來就不值得你去留住，
你卻為他而筋疲力盡……
也許，那一個人如今仍然會偶爾在你生命中出現，

打亂你生活的步伐，
又也許，他是一個怎樣的人，
對現今的你來說，其實已經沒有太大關係了……

你只知道，自從和他遇上之後，
你試過太多無能為力、無可奈何，
一次又一次，你都放棄了自己的底線，
嘗試去改變，或尋找出路，
但改不到，找不著；
你最後可能學會了放棄，
只是在此之前，那些太鋒利的刀刃，
卻早已留下了傷痕，然後因為畏痛，
也讓你原本的性格、想法、情感的表達，
開始改變。

怕痛，是多少人都經歷過的事情。
為了避免再受傷害，人會開始學習遠離危險，
最初你可能試過，不要再接觸那些人和事，
不要給自己機會再想得更多，
一直逃一直逃，直到逃到自己想要失憶，
又或是，到那個人又回來與你糾纏。

你想過不理他，卻又未必捨得，
你知道這一個人會為你留下更多灰暗，
但偏偏自己還是會一再因為這個人而放棄太多，
然後又再失望更多。

或許如今回看，那一張只會帶笑的臉，
是從那時候開始練成的。
他喜歡你笑，所以你努力笑得燦爛，
朋友想你開心自在，所以你學會保持笑臉，
直到有時實在太累太痛、再也笑不了的時候，
就只好選擇用各種理由，不去見人，
讓自己可以盡情地木然，
來平衡一直太敏感的情緒，還有開始繃緊的臉容。

然後這樣的情況越來越多，
開始再分不清楚，自己是不是真的快樂，
自己是不是還需要去對人表達自己的情感。

反正，自己一個的時候，
似乎也是最放鬆自在的時候。
無需再為別人假裝，也不會再受到別人傷害，
想做甚麼事情都可以，
即使有多少次，你一個人遊走在城市裡，
累了，卻始終無法停下腳步；
即使有多少次，你輸入了訊息，
又將它刪除，想向某人傾訴一下，
卻又害怕會麻煩到別人。

曾經，你也試過鼓起勇氣，
向你信任的人講出埋藏心裡的鬱結。
但效果並不太好。

彷彿失去了自然溝通的能力，
又彷彿腦袋分成了兩邊，
在心意說出之前，你先有過多少顧慮，
怕別人不明白，但你更怕，
自己太負面、太不值一提的想法，
會浪費了對方的時間與心血；
即使對方其實是不會介懷、
你知道對方是真心想幫自己走出困谷，
但你還是習慣卻步，寧願用笑臉來掩藏虛弱，
寧願用道歉和安慰，
來讓幫不到自己的對方好過一點。

沒事的，我已放下了，
說這麼一句，比勉強去笑還更輕易，
但心裡面所承受的重，卻又繼續累積。

你不會埋怨，只是你會苦笑，
最後還是找不到一個可以明白自己的人，
然後將所有問題都歸於自己，
是自己這個人有問題嗎，
是自己不值得去擁有愛吧；
你知道自己是想得太負面，把自己想得太渺小，
卻無法阻止自己如此亂想下去，
越想越慌亂，然後又再循環，
變得更不喜歡自己。

但與其說，

你不值得去擁有愛或一段關係，

不如說，比起遇到有一個人能夠愛你、明白你，

也許你更渴望遇到一個，

能夠讓你好好去愛的人。

比起被愛，你更想去付出愛情，

去用你的一切所能、你相信的方式，

關懷、愛護那些人與事，

不期望一定要得到同等的回報，

但只要可以一同經歷、體會、成長，

即使最後未必可以開花結果，你也無怨無悔……

過去，你不是不懂得去愛人，

只是在那個過程裡，

自己所擁有的優點與特質、

所有過的心跳和溫柔、

你本來自信的笑臉、明亮的聲線、

以及你這一生中最認真的光陰，

都一一被對方所漠視、忽略，

甚至棄如敝屣。

你的溫柔，

始終無法改變對方的冷漠，

也敵不過一再的自私與任性，

再努力，也得不到對方的認同，

再守候，也得不到對方的正面回應。

然後等到哪天氣力耗盡，
一直以來所相信的價值，
反而變成對自己的嘲諷；
你下定決心，不要再對人有要求，
不要再去相信或盼望，
不要再繼續如此卑微。
反正，他最後都對如此認真的你，
不抱半點在乎……

你寧願用笑臉，
來保持對人的距離，
用別人會接受的好，
來掩飾自己想去愛的真正情感；
寧願捨棄曾經最認真的自己，
去營造一個表面沒有傷痛、
依然自信快樂的平常人，
就和別人一樣，沒有太多分別。
你以為只有變成跟他一樣冷酷，
才可以逃出那可怕的夢魘……

只是偶爾午夜醒來，
你還是會莫名地流下眼淚，
卻沖不淡內心的空洞與苦澀，
想笑，卻無法笑得開懷，
想呼氣，卻更難平息。

你不明白為甚麼還會如此，
也不知道應該怎樣解決、
應該向誰應該如何再去說出這點鬱結。

其實你不是不需要愛情，
你不是不知道，
身邊有多少人會關心、愛護你，
可是從那天開始，
你變得不敢再去付出、
再去將自己的感情展露於人前；
你怕又會再一次被拒絕、被糟蹋，
但太過認真的你，
其實只是希望能夠單純地再去學習愛一個人……

比很多人都熱切，卻藏得比更多人都深。

你寧願用笑臉，
來保持對人的距離，
掩飾自己想去愛的真正情感。

黒
洞
人

每個人的內心，
都會藏著一點不安，
只是有些不安會被過度放大，
卻又太習慣被它影響或支配，
然後累倒了自己與身邊人，
然後對未知的一切都有更多不安。

／／／／／／／／／／／／

有一種人，叫黑洞人。

黑洞人本身也是普通人，
只是比別人多了一些敏感、一點胡思亂想，
多了一些執拗，
還多了一點不滿與不安。
他們可以是一個懂得為別人著想的人，
只是他們會想對方跟自己一樣，
用同樣的方式去為自己著想。
他們也可以是一個，
願意為所愛而無條件付出的人，
只是他們也會要求對方跟自己一樣，
無條件地付出。

例如，
黑洞人會定時定候打電話給另一半報平安，
但如果另一半沒有打電話給自己，

他們就會開始變得浮躁不安，
會開始想，對方怎麼不打電話給自己，
是遇到甚麼意外嗎，是忘記了自己嗎，
是開始生厭了吧，是雨是錯是悔是恨是……

即使黑洞人其實明知道，
對方是正在家裡或可以預計得到的地方，
但就是可以為了沒有得到一通電話，
而開始有點歇斯底里。
然後他們忍不住傳短訊過去問個究竟，
但對方看過後沒有立即回覆、或回覆慢了一刻鐘，
他們又會變得心灰意冷，
甚至生氣起來。

等到終於可以與對方通話或見面，
黑洞人就會將之前累積的不快與氣惱，
一次向對方傾瀉，
哪管最初找對方的原本目的、
是想與對方一起甜蜜一下，
但始終還是比不上，
當下要去撫平內心那點不安的重要。

說到底，
他們是想對方會如自己所願，
做自己心目中理想的另一半，
好讓自己心滿意足。

只是他們不明白，

這世上沒有一個人與自己百分百相似，

對方也未必可以做到自己心目中一百分的理想情人。

偶爾對方做得到了，

黑洞人會許更多的願望；

偶爾對方做不到，

黑洞人就會更期望對方做到。

兩種情況都只會讓那黑洞越來越深，

最終就變成了一個無底洞。

始終滿足不了，

就繼續向對方表明、申訴，

有些黑洞人以為這是一種溝通、是互相了解，

但長期作一些超出對方能力、

或是對方不願為之的要求，

是會令人十分疲累或是厭倦；

有些人會採取敷衍的態度，

又或者是逃避應對，

然後漸漸不聽電話、不回短訊，

循環之下，黑洞人又會變得更加黑洞，

之後不是吵起大架，就是要鬧分手。

就算有時對方也想正面面對、

願意嘗試化解彼此之間的問題，

但在那個無比深鬱的黑洞面前，

再多的正能量也會轉瞬磨蝕殆盡，
更別說連續不斷吵架所造成的裂縫，
本來是有多麼難去修補。

最後，有誰提出分手，
而在一次意氣之下，又真的分手了，
對方不願意再回頭。
這時黑洞人會變成終極黑洞模式，
用盡一切方式去挽留、
去哀求去祈望與對方再次一起，
即使要自己如何低姿態、
要如何改變自己也在所不惜。

但問題是，
對方早已被這段感情弄得太累太倦，
甚至是心裡留下了陰影，
當初的熱情早已經被黑洞吸去無蹤，
如今不想再煩不想再努力，
也不願意再為不明不白的對錯吵鬧，
困累多一次。

於是對方不是表現得愛理不理、
就是擺出一副絕情的態度，
而黑洞人是永遠不明白甚至不會原諒，
為何對方不肯再給一個機會自己、
不可以再重新開始。

黑洞人依然只會想對方立刻再一起，
繼續好好戀愛，就已經心滿意足了。

然後也許，對方會心軟，
與黑洞人再次一起；
只是當他們在心滿意足之後，
黑洞人為著以後可以得到更多的心滿意足、
或為了平伏之前曾經分開過的不安，
於是再重演一次黑洞人的故事。

又也許，黑洞人終於會明白自己的問題，
不再讓自己繼續身在黑洞，
不再讓那些負面情緒讓身邊的人變得太累。
也許，也許⋯⋯

願身在黑洞的你，會看得明白這一個故事。

黑洞人本身也是普通人，
只是比別人多了一些敏感、
一點胡思亂想。

心亂

一個人心亂到盡頭，
往往只會找到孤單。

兩個人想不通，
至少還可以一起苦笑，
至少還可記得，
原來有這麼一個好友，
仍然會如此擔心自己。

／／／／／／／／／／／／／

你或許知道，
自己不應該再想更多，
可是仍然無法平復內心的不安，
還是會在更多無眠的晚上，亂想更多。

其實你只想早一點找到，
能夠解決問題的方法，
但越想下去，反而越來越心亂，
你知道自己不應該再想下去，
只是明白是一回事，
能否做到是另一回事。
想控制自己的情緒，
又一樣會想得更多，
最後就更加感到無能為力。

就算有時勉強平復了，但亂想不會有盡頭，

總會再遇到另一些想不通的、想得更多，

想通了，平靜了，

再亂想，更不安；

然後你會發現，

長期反覆忽高忽低的心情起伏，

原來是會這麼累人。

但其實，一個人再想得更多，

也是不會找到可以停下來的終點站。

每亂想一次，就會有一條絲線纏在自己身上，

即使偶爾可以想通，但太多的捆綁縛纏，

反而讓你的心情變得更加沉重。

你多想可以找到一個人分享你的亂想，

即使他未必可以完全明白你，

但至少可以幫你平復心亂，

至少可以讓你覺得這一段路上，並不真的那麼孤單。

只是你已經讓自己被太多灰暗所掩埋，

不再相信會有一個人願意給你支持、

在你軟弱的時候和你交換笑臉；

你太期望一覺醒來就可以變回簡單快樂的你，

卻不記得在無助的時候，

自己需要的未必是解決問題的方法，

而是有一個人陪你振作、一起浪費時間去復原。

一個人心亂到盡頭，往往只會找到孤單，
兩個人想不通，至少還可以一起苦笑，
至少還可記得，原來有這麼一個好友，
仍然會如此擔心自己。

你需要的，
未必是解決問題的方法，
而是有一個人陪你振作、
一起浪費時間去復原。

示好

不是付出過幾多，
就一定會有幾多回報；
對方本來就沒有義務或責任，
去回應自己的感情。

只是如果不先將心打開，
不嘗試向對方連接與同步，
這份關係又怎可以變得長久。

／／／／／／／／／／／

待人好，
不代表就是交出了全部的真心。

有時候人會先入為主，或受過去所困，
會以為，如果自己先交出真心，
最後一定會像之前一樣，
被對方浪費，會換來更多失望心痛；
於是寧願只去待人好、表露最好的一面，
也不要透露自己的真實感受和感情。

即使是一再降低了自己的底線、一再退而求其次，
寧願委屈自己、討好對方，
寧願不直接面對、不求溝通對話，
都不要給對方拒絕或捨棄自己的機會；
卻同時又給自己一個錯覺，以為自己一日都未說清楚，

也許自己其實仍是有機會的⋯⋯
於是，繼續去做更好的角色，
但最後得到好人的稱號，
卻又並不是自己真心想要得到的。

關係是需要依靠真心來維繫。
如果一直沒有向別人透露真心，
是無法發展一段長久而穩定的關係。

就算你對那一個人真的很好，
不離不棄、不求回報，
但對方始終不會真正明白你，
不能夠感應到你的心情，
更別說與你同步、互動和成長。

也許許多年以後，
對方還會記得有過你這一個人，
曾經你是對他很好很好，
只是就只有這樣而已；
你喜歡甚麼、你想些甚麼、你為了甚麼，
對方不會太記得或清楚，
而你們如今已經不會再聯繫，
就算你曾經對他多好也好⋯⋯

總有天對方會變得習慣，
或是發現不再需要你的好處；

最後你會發現，原來要親近一個人，

並不是只去對他好就可以。

沒有交出真心，又怎會換到別人的認真。

原來要親近一個人，

並不是只去對他好就可以。

沒有交出真心，

又怎會換到別人的認真。

陪伴

你希望他不會只看得見你的快樂，

在你最無助軟弱的時候，

他也願意正視你、陪伴你，

到最後，你們可以再像以前一樣，

相視而笑。

／／／／／／／／／／／／／

有些事情你不是不想說，

只是你曾經試過，

將一些心裡面比較負面的想法或感受，

向親近或經常見到的人如實說出，

但換到的不一定是安慰或支持，

而是說你傷春悲秋、自怨自艾、

杞人憂天、是你想得太多了、

其實你已經比許多人要好、

為甚麼你總是想得如此負面……

漸漸你學會不要太輕易向人透露，

那些似乎會麻煩到別人的心裡話，

不想自己留給別人一個負面印象的同時，

讓你本來積累的情緒變得更加灰暗。

也許在對方的角度而言，

這些說話都不過是想為你打氣、加油，

只是有時候，卻會讓原本正處於委屈情緒的你，

更加感到無奈與洩氣；
彷彿自己當下面對的感受，
是那麼微不足道、不值一提，
又或是自己真的想得太多，
一切煩惱都不過是你的庸人自擾、是自己不對，
是自己不懂得換另一個角度，
去讓自己開心樂觀一點，
是自己的人生經歷實在太少，
是自己真的太過不好……
一切的難過都彷彿是你自己的問題，
卻忘了，有些一直積累的負面情緒與感受，
並不是用人生的大道理或例子，
就可以完全化解。

是的，
有些憾事在十年過去後再回看，
都不過是一件小事、都一定會變成過眼雲煙，
到時候自己可能還會取笑，
自己這天為何會太過認真；
以前大家都一定經歷過這種情況，
如今大家還不是一樣成功一樣快樂嗎……

但將來是將來，當下所面對著的不安，
卻仍然需要自己繼續去尋找平衡與著力點，
一天一點地去撥開更多雲霧、
尋找出路。

將來可能發生的遠景，

相對於如今所喝著的苦水，

有時只不過是於事無補的安慰；

別人的成功事例，

亦未必會適用於自己身上，

有時又甚至是變成另一種對自己的間接批判；

反而這刻徬徨難安的自己，

卻真的被誰需要嗎，

真的有被誰認真注視在乎、

願意和自己一起思考或面對嗎，

自己是不是就真的不值得被重視、

不應該有不安難過憂鬱忐忑自憐自怨厭惡厭倦的情緒，

不值得被了解與對話、只應該跟別人一樣、

笑臉迎人、堅強面對到最後？

這樣的自己，又會有人願意去正視或了解嗎？

有時人去到一個極灰的情況，

會沒有力量再堅強努力，

也沒有對人假裝微笑、甚至去見朋友的力量。

勉強要他們加油、想得正面一點，

反而會令他們更感到壓力、

不想再為明天的困倦思考更多……

然後寧願把自己藏起來，

一個人在牛角尖的盡頭自生自滅；

然後漸漸也跟別人一樣忘了，

自己其實不過想有一個人願意來陪伴自己。

如果有一個人，
會認真的注視自己一切的快樂、
委屈、期望與難過，
而不會只會說，
你應該要堅強、不應該繼續不快樂，
應該要這樣、不應該要那樣，
卻未必合乎你的情況、就只合乎世界的標準。

如果有一個人，
不會只去說更多的道理，
不會到哪天他自己也說得厭倦、想離開了，
由得仍然在迷失痛苦中的人，
繼續獨自面對更多的迷惘與不安。

如果真有這麼一個人，
會好好陪著你說內心的感受，
而不會先入為主地認為，
你只是強說愁、無病呻吟，
不會讓你又再重複循環，
得不到別人明白的孤獨旅程、
累積更多不快樂的情緒、變得更不敢向人開口，
那有多好？

你其實不是不知道，難過總是會過，
只是你還是想有一個人會記得或在乎，
自己最難過時的樣子，

還有無助時的呼氣嘆息。
你希望對方不是只會看得到你的好你的快樂，
也希望在你軟弱的時候，
他不會對你閉目無視，
會願意繼續陪伴你走到最後。

就算如今，仍然找不到解決的方法，
但至少他會讓你知道，
自己並不是孤單一人在走；
在最黑暗的時候，你們卻一起建立了，
最真摯難忘的憶記。

你其實不是不知道，
難過總是會過，
只是你還是想，
有一個人會記得或在乎，
自己最難過時的樣子。

放
不
下

所謂放下，
不是要在別人面前開懷大笑，
也不是以後就不要重提那些讓你傷痛的人與事。
而是你哪天突然醒來，
不會再因為想起他而感到悲傷，
不會因為別人的關心而刻意避談他的名字、
那些回想起還是會讓你難過的事情。

然後你會明白，
有些事情原來並沒有真正的放下。
越是勉強，越是會感到委屈難過。

難過到無望的時候，
別人說你應該放下、看開一點，
你聽了之後，卻會覺得更加難過，
因為你實在不知道如何才可以放下、
為甚麼自己仍然還會不捨執迷。

是自己不對嗎，是自己還留戀嗎，
是不是就應該就要立即放下，
是不是自己這個人有甚麼問題……
想得多了，又會越來越感到壓力，
不想再想，又會怕自己繼續放不下。

於是，漸漸，
你寧願不去向別人表達你的難過，
不想別人擔心，不想難過更多；
但你的難過只是被埋藏起來，
偶爾在無人的夜裡發作、讓你以淚洗臉，
偶爾在別人無意間談起他時、刺痛你的心房。

你的大部分力氣，
都花在假裝的面具上，
卻始終得不到對人抒發分享的機會，
去學習了解成長更多，或可以卸下面具武裝，
將壓抑太久的情緒釋放。

然後到哪天又會問自己，
為甚麼還是未能好好放下，
為甚麼還是會對那個遠去的人，如此在乎；
卻不知道，
自己其實還是一直躲在黑洞之中，
等著有一個人來拯救自己，
陪自己去悲傷、糾結、困苦，
在你稍稍看開的時候給你微笑，
在你又執迷沉溺的時候陪你安靜，
不會說太多意見或道理來逼你面對，
也不會勉強你要放下，卻令你更加無從躲避。

是因為那一個人真的明白，
其實並沒有甚麼真正的放下，
快樂再多，
也不等於可以將難過的憶記感受從此抹清，
只有當你哪天不會再介意提起那點難過、
終於可以用平常心去想起那些人與事，
才是真正放下的開始。

只是在此之前，
需要經過多少日與夜的煎熬苦痛、懊悔矛盾，
才可以真正成長、與執迷的自己說再見，
而每個人的運氣與路途也不盡相同，
有些人可以只需要幾個月，
有些人可能過了幾年依然心痛。

但與其一直勉強自己放下卻又無法做到，
不如嘗試多點學習與自己對話、
明白自己內心的真正感受與想法，
開始重新為自己編排好生活日程，
讓自己在應該哭的時候哭、快樂的時候要盡情，
不能讓情緒完全支配淹沒你原來的臉，
在那一個明白你的人出現之前，
好好守護你自己。

或是到哪天你終於懂得對人說，
是的，我是仍然放不下，
但又有甚麼所謂，
說到底，誰沒有試過放不下呢⋯⋯

別讓情緒完全支配
淹沒你原來的臉，
在那一個明白你的人出現之前，
好好守護你自己。

PART ____ 03 ____

等下去，還是等心息

據說，所謂等待，

其實是讓自己學會放棄的一個過程。

有些人可以很快就可以放棄，

有些人學得比較慢一點，但有天始終會學懂；

有些人其實從來沒有想過放棄、只是不肯承認，

有些人會繼續等，直到自己願意放棄為止。

突然

有時候，
你會突然心血來潮想起了誰。

你知道總有一天，
自己會習慣這種心血來潮。
只是這天，仍是會如此莫名地想得太多而已。

有時你會突然心血來潮，
拿起手機，看回所有他傳過來的短訊；
整夜對著電腦，
細讀臉書裡與他的閒扯胡聊。

有時你會突然心血來潮，
到附近的便利店，
買一杯你們都愛吃的雪糕來嚐；
抬頭眺望藍天白雲，用手機拍下來，
放到臉書讓他欣賞。

有時你會突然心血來潮，
在手機不停按鍵播放下一首歌，
直到響起與他有關的旋律；
然後將那首歌重覆播放，
甚至重覆一整天、一星期。

有時你會突然心血來潮，
重遊一些舊地，
光顧你們到過的餐廳、
曾經約定要去的甜品店；
或是乘車到他的家附近，沿著你們走過的足跡漫步，
卻又怕會被他碰見。

有時候，你會突然心血來潮，
找出白紙與筆，
將他的名字寫了一遍又一遍……
找出他送你的小禮物，把玩一刻鐘，
然後放回原來的位置……
為一年前這一天和他說過的話，
出神了一整晚……
將他的禮物、相片、歌曲、短訊、
電話號碼都全部刪除。

有時候，你會突然心血來潮，
想傳他一個不特別的問候短訊，
卻始終按不下傳送鍵。

有時候，你會突然心血來潮，
好好的、狠狠的、呆呆的，
想他一整個晚上、直到凌晨……

有時候，你會突然心血來潮，
感到他與你擦身而過，
彷彿他就在你的身旁。

每次你都會立即回頭、轉身，
嘗試從熙來攘往的人潮中、
從朦朧不清的夢境裡，
找出屬於他的身影。
只是你始終找不到他，
又或是他的身邊，總會有另一個人的存在。

有時候，
你會突然心血來潮想起了誰。
你知道總有一天，自己會習慣這種心血來潮。
只是這天，仍是會如此莫名地想得太多而已。

有時候，
你會突然心血來潮，
感到他與你擦身而過，
彷彿他就在你的身旁。

不再問

算了，你決定不再問，
不是因為你選擇妥協，
而是你開始學會心淡。

／／／／／／／／／／／／

漸漸你學會，
很多事情都不要讓自己再問。

那天晚上，他和誰一起渡過，
那次假期，是與誰結伴暢遊。
那齣電影，分享了哪些感想，
那首歌曲，是為了誰人輕哼。

他有想起你嗎，當他和別人歡笑的時候，
他有談過你嗎，當他與那誰聊天的夜深；
他有在乎你嗎，當他找你分享他的心事，
他有關心你嗎，當他從不過問你的近況。

為甚麼總是，
那麼難找到他，不會得到回覆，
要替他找藉口，會說你想太多；
又還是其實，
他原來沒有想你太多，就只有你在自欺欺人，
你沒有被回覆的權利，他根本不想被你找到⋯⋯

就算曾經那麼親近、知心，
就算如今這般著緊、煩惱，
但原來親近，不等於沒有顧忌，
知心，不等於會被憐惜，
著緊，卻等於太多壓力，
煩惱，就只是庸人自擾。

如果他從來就不會珍惜太多，
那再堅定等下去又會有用嗎；
如果他眼裡就只有思念的人，
那再勉強笑下去又會可笑嗎。
如果你本來就不會得到資格，
那再對你說不捨又算欺騙嗎；
如果你最後還是繼續等下去，
那再問下去又有任何作用嗎……

漸漸你學會，
很多事情都不要讓自己再問。

不要問，也不是要再盲目相信，
不是他對你很好、
好得你不需要對他有半點懷疑，
也不是他甚麼都會主動跟你說、
你們真的兩心相知，
而是你知道問太多也不會得到回答，
你的不安也不會得到他的太多眷顧。

與其如此，你寧願不要再去了解太多，

盼能換來一點安靜，

不要再想更多，不要再被情緒支配，

不要讓自己只會批判他的不是、

不要讓眼中只會看見他這個人；

這是你最後的溫柔，不是對他，

而是放生你自己。

這是你最後的溫柔，

不是對他，

而是放生你自己。

計較

你說算了，
你不會再計較，
不是因為你從此不會在乎，
而是寧願別對他失望更多，
讓這份思念可以更加長久。

人越大，越常會聽到別人說，
不要讓自己計較太多，
何必將無謂的人與事太過上心。

於是你漸漸學會不計較，
他總是輕易忘了你的事情，
他總是會將你的秘密，隨便地告訴別人；
你生日了，約他見面吃飯，
他最後竟然失約；
他生日，你特別為他去找的禮物，
不久之後他轉送了別人。

這些你都不會再計較了。

在你最需要祝福的時候，
他總是對你冷言冷語；
在你最需要援手的時候，
他始終對你袖手旁觀。

當你忍不住開口說出你的難堪，
他反而會怪你將責任推卸，
當你開始不想再花時間互相指責，
他就聯合其他人來笑罵揶揄你更多……

這些你都不會再計較了。

漸漸，
你不會計較他的善忘，
因為你仍然記得，他曾經記得你的一切；
你不會計較他沒有保守你的事情，
因為你沒有忘記，他曾跟你分享過多少秘密。
你不會計較他失約，
因為他有多少次他曾為你而拒絕別人的約；
你不會計較他沒有珍惜你的禮物，
因為他曾經送你的禮物，你仍珍而重之放在床前。
你不會計較他的冷言冷語，
因為你知道他本身是一個善良的人；
你不會計較他的袖手旁觀，
因為在你最軟弱的時候，
他曾經給予你最大的支持……

既然如此，自己又何必再計較太多，
讓僅餘的情誼在更多的埋怨指責中被消磨殆盡，
在互相笑罵揶揄的同時，換來更多的孤獨諷刺；
就算這些年來，

你已經太習慣他的關心與支持、
曾經你們會交心聯手、你對他有過太多期望，
但如今你選擇重新學習，
將這些你對他的在乎、認真與尊重，
換成別再對這一個日漸陌生的人在意太多、
然後再失望更多。

只望有天不會再計較，
這一個曾經是你最好朋友的人，
最後仍不會明白你曾經有過的這些心理；
只望有天自己不會再看不開，
這些你應該要當成是無謂的人與事，
為何如今還是會佔據，
你心裡為他所預留的那一個位置。

你不會計較他的善忘，
　因為你仍然記得，
他曾經記得你的一切。

重視

有時一個人重要，

不是因為他對你很好，

而是你對他投放過的真心，

他沒有太多珍惜與回應，

因此才會讓你對他更念念不忘。

兩個人是否親近，

不需要用太多行動來證明。

有時只需一句普通的說話或對答，

你便會明白到，

自己是不是真的如對方所說的那麼重要。

如果真的重要，

他就不會經常忘記你的說話；

如果真的重視，

他又怎會始終不記得你的生活規律。

如果真的在意，

他為甚麼會不知道你討厭的味道；

如果真的在乎，

他又怎麼可以把你傷到最深最盡⋯⋯

你明白的，他只是以為自己很重視你，

而實質的程度比他所以為的要低很多很多；

但是明白歸明白，你卻未必會揭穿對方，
甚至還會配合他，讓這種表面上的被重視，
一天一天地延續下去。

或者是因為你不想令對方太難受、惱羞成怒，
你不想就此失去這一個朋友；
又或者是你仍然相信，
對方有天會明白甚麼才是真正的重視，
就跟你的重視一樣，
會將對方放在真正重要的位置——
只要他需要，
你就可以放下原本對你重要的事情，
回覆他的訊息、接聽他的來電、
答應他的要求、來到他的面前；
只要他不需要，
你就會用溫柔的笑臉來離開這個對你重要的人，
不要問他太多、不要給他壓力、
不要讓他擔心、不要離他太遠……

等他哪天再想起你時，你可以最快地出現，
給他最好的支持與回應，
即使他已經很久沒有想起你，
你卻相信自己的思念隨著時間漸厚，
會變得更悠長純粹……

即使你其實明白，

自己是不可能會得到那一個人的重視，
一直守在一個不會回頭的人背後，
又怎可能會得到他內心最重要的那個位置。

但在他背後的你，
卻依然追逐仰望那握不緊的光華，
就算他從沒有認真注視過你，
他卻已佔據你心裡那最重要的位置；
你投放了多少認真與期待，
然後換來累積了幾多沉重。

在他面前，你永遠都輕快不起來，
因為在你心裡，他永遠都不會屬於你，
你不敢去揭穿，不是因為害怕失去這一個朋友，
而是你太清楚，他對失去你這個朋友，
其實沒有太多重視與在乎。

他始終會走，你卻找不到離開的力氣，
就只望明天還可以得到他的重視，
就只望哪天他會記起，
曾經重視過的這一個某某。

一直守在
一個不會回頭的人背後，
又怎可能會得到他內心最重要
的那個位置。

不對等

你不期望得到他的公平對待，
但至少會讓你感到心甘情願。

可惜，不是將底線降到最低，
人就會變得容易滿足，
因為別人也會習慣不再對你有太多認真。

／／／／／／／／／／／／

你一直容忍他的缺點，
但你忍不住對他生氣一次，
他會責怪你這個人怎麼如此小器。

你對他付出了很多很多，
但有一次你付出了少一點，
他以後就只會記著你的自私。

你試過太多次他的已讀不回，
但只要你有一次回覆得比平時慢一點，
他之後就會有好一段時間對你不再理睬。

你平時對他百般溫柔，
但只要你對他冷淡一次，
他就會說你憑甚麼對他這樣兇。

你不敢對他的約定有太多輕忽，

但如果他忘記了對你有過的承諾，
他會對你說別要太認真。

你會用心記著他的說話，
但當你聽不清楚而誤會了意思，
他卻會覺得你對他的說話沒有太多認真。

你總是願意去傾聽他的煩惱，
但如果你因為別的重要事而遲了回應，
他就認定你已經不再重視他的一切。

你平時不會對他透露太多心事，
但如果你想他花點時間去聽你傾訴，
他會取笑你花了太多時間去胡思亂想。

你試過太多他的冷嘲熱諷，
但你對他說一次「算了」、「隨你喜歡吧」，
他就覺得你對他已經有太多冒犯。

你向來都會順著他的決定，
但只要你在是非對錯上不同意一次，
他會將你的善言相勸視作對他的個人針對。

你從不敢對他有太多批評，
但你嘗試對他開心見誠說出你的感受，
他就會覺得你是趁機向他抱怨、得寸進尺。

你為他做對了許多許多事情，
但你不小心做錯過一次，
他會毫不留情地將你批判到底。

你不會吝惜你的道歉，
但當他做錯時你想他說聲對不起，
他又會覺得你是在強人所難。

你已經太習慣看他的心情而做人，
但如果你想他也會照顧一下你的心情，
他會問你又是他的誰、是否太自我中心。

你為他將底線已經放得很低，
但你偶爾就只想堅持一下自我，
他就說你這個人只會想到你自己。

你不期望得到太多回報，
但如果你終於累了想要離開他，
他就將你一直以來所做的一切視作別有用心。

你已經很久沒有聽到他的消息，
但只要一個來電、短訊甚至一個讚好，
他就可以重新佔據懸空了很久的那個位置……

你其實已經清楚知道這一個人並不值得，
但你仍是要讓自己處在這個不對等的位置，

期望他有天會良心發現、會懂得珍惜你，
只是在那天來臨之前，他就已經先離你而去，
始終未能在你身上，
學到對人的認真與尊重；
你再繼續留在原地、卑微順從更多，
那又何苦。

你再繼續留在原地、
卑微順從更多，
那又何苦。

無力

如果有些氣力註定只會徒勞無功，
那麼有些舊人，
也是應該不要再見。

///////////////////

你知道有些時候，
付出幾多不等於就會有幾多回報，
只是一次又一次的白費力氣，
那一種無力感，還是會讓你呼不過氣，
越積累，越掙扎，然後更加不能自拔。

你已經為他做過很多，改變過很多，
只是你還是不能清楚他的想法，
也不知道他到底想你怎麼樣，
始終不能合乎他的心意，
也不能令他由衷地感到高興。
你只知道自己對他所做的事，
大多都不能讓他滿意，
為此你一個人煩惱了許多次；
即使忍不住去問他不滿意甚麼，
他也不會坦白地告訴你，
甚至還會顯得比你更加煩惱生氣，
像是要責怪你、竟然會不明白他的想法。

還好，你安慰自己，

至少你仍知道他還是會對你生氣、在意，
自己所做的並不是完全沒有效果；
於是你繼續從這大海中獨自尋找方向，
希望可以找到他不滿意的原因、可以讓他不再皺眉。

只是，你繼續嘗試，
也繼續換來他的皺眉、不快，
太多太多次，都未能讓他轉嗔為喜，
漸漸你會覺得，自己就似是在大海撈針一樣，
也會開始質疑自己，
其實是不是自己無論再做甚麼，都不會讓他高興，
自己是不是就沒有待他好的能力與資格⋯⋯

你知道自己實在不應該再如此亂想，
因為這只會令自己更覺得卑微；
應該樂觀一點，應該化負能量為動力，
只要繼續堅持、不放棄，
終有天會可以找到讓他快樂的方法，
終有天，一定可以和他真正心意互通，
然後彼此相知相守⋯⋯

直到那天，你又再嘗試多一次，
用你剩餘不多的力氣，
去做一些他應該會喜歡快樂的事情；
只是這一次，他卻冷冷跟你說，
夠了，不要再試了，

然後就轉身離開，沒有再跟你多說半句話。

你不知道，這一次是甚麼地方又做得不好，
但你知道，這一次他是不想再給自己更多機會，
如今他是真的要放棄了，
即使在上一刻，你還想要再堅持更多。

彷彿你是沒有天分，
你的所有努力都不值得換來他的一點回應，
為甚麼要這樣，為甚麼他始終都沒有告訴你原因，
在這一次又一次的過程裡，
自己到底一直做錯了甚麼、他到底最想要甚麼？
你不是不想知道，
每一次你如此堅守下去，除了希望可以讓他高興，
你也希望有天他會親口告訴你，
哪些地方你做得不夠，哪些時候你做對了，
你們可以再一起思考、討論、了解、面對，
一起尋持更好的方法，去成就彼此；
而不是一個人在迷宮裡尋找出路，
卻讓自己在牛角尖裡越鑽越深。

偏偏，他最後沒有留給你任何答案，
就由得你一個人獨自承受，
你太過努力所求得回來的失敗與無奈；
不會有半點安慰，更不可能花一點時間去了解，
這些日子以來你獨自為他付出及改變了幾多，

讓你在不知不覺間，只會看著他的臉色來生活。

他皺眉，你心裡慌張，
他淡然，你不敢呼氣，
也不敢用微笑來掩飾應對，
因為你試過換到他的冷眼無言；
也不敢將這些心情向別人傾訴、
怕可能會換來他更多的不快埋怨。

最後你只有讓自己一個人，
如往常一樣，在見不到他的時候，
看著他的臉書來檢討來猜測，
為甚麼今天仍然會得不到他的認同；
然後你看見了，他跟別人如何談笑風生，
他讚好了新朋友的一個普通分享，
他甚至還會回應，陌生人留給他的無聊說話……
但就依然對你所做過的一切不聞不問，
對一直守在身旁的你不去主動關心一次，
就只是一次也好。

你忍不住拿起手機，
想要發短訊跟他說，以後都不要再見。
但你又看見上一次的短訊，
上上一次、再上上上一次、更多次，
他一直都是已讀不回；
這一次你的下定決心，

又真的會換來他的一絲後悔、甚至在乎嗎？
你苦笑了，搖了搖頭，
最後將那一個短訊刪去，
讓它在你自己心裡刺痛，不要再換多一次他的無視。

許久以後，有一個朋友跟你提起他，
說他不明白你為何沒有再找他、再不跟他友好，
是你在生他的氣嗎，大概是你太小器吧？
你想生氣反駁，
但你最後還是搖了搖頭，就只是默默苦笑。

你對自己說，不要讓自己再去為他糾纏、
然後又換來一身泥沼，
那曾經的不忿遺憾執迷無奈難過卑微，
就通通埋藏於心底、不要再面對……

如果有些氣力註定只會徒勞無功，
那麼有些舊人也是應該不要再見。

付出幾多
不等於就會有幾多回報，
只是一次又一次的白費力氣，
那一種無力感，
還是會讓你呼不過氣。

陌友

朋友應該常相見。

但有些朋友，你們不會再主動聯繫，

不會見面，也不會吵架⋯⋯

這是你們之間最後的默契。

／／／／／／／／／／／／／

偶爾你會猶豫，

自己與他是不是真的友好。

如果友好，

為甚麼他可以長時間不找你；

如果不友好，

為甚麼在他又會在你想念的時候出現你面前。

如果友好，

為甚麼他會總是忽略你的事情；

如果不友好，

為甚麼他依然會記得多年前的相處趣事。

如果友好，

為甚麼他總是太遲才會回答訊息、甚至已讀不回；

如果不友好，

為甚麼他又會在夜深與你短訊聊天、不捨得去睡覺。

如果友好，
為甚麼他始終會對你無比冷淡、像一個陌生人；
如果不友好，
為甚麼他有時又會忽然表現得無比親近，令你如沐春風。

如果友好，
為甚麼他甚麼事情都不會告訴你；
如果不友好，
為甚麼有時他又會願意聆聽你的心事。

如果友好，
為甚麼他可以對你的事情不聞不問；
如果不友好，
為甚麼他有時又會與你推心置腹。

如果友好，
為甚麼他在你最需要支持的時候，會對你冷言冷語；
如果不友好，
為甚麼他在與你最疏離的時候，
還是會希望得到你的祝福。

如果友好，
為甚麼他始終不會明白你的想法與感受；
如果不友好，
為甚麼他卻太清楚你的性格弱點，
偶爾還會拿來捉弄說笑。

如果友好，

為甚麼他會站在與你敵對的一方、甚至針鋒相對；

如果不友好，

為甚麼他與你哪天在街上再遇見，

你們還是可以談笑甚歡。

如果友好，

為甚麼你會介懷和他始終無法真正友好；

如果不友好，

為甚麼你如今還是會太過想念這一個人……

直到很久以後，

你終於學懂讓自己想通，

並不是你們沒有將對方視為好友，

也不是誰在乎太多、誰不懂得珍惜的問題；

其實從最初開始，

你們本來就不是同一類人，

雖然在某個人生章節裡，

你們曾經有過同一樣的想法、感受，

有過別人未必會明白的經歷與共鳴，

那時候的你們，是多麼合拍合襯，

教別人都羨慕或妒忌。

只是在那之後，當回歸到各自的生活，

你們本身的差異甚至矛盾，

讓你們向著不同的角落走去；

即使你們都曾經努力試過，
去好好經營這一段情誼，
但是你的標準卻未必適合他的習慣，
他的時差也未必可以配合你的感受，
越是用力，越是讓彼此本來的不同更加放大，
越是在意，越是感到令彼此心淡的窒息空氣。

於是，你們開始讓自己退後一步，
去看著對方其實不算熟悉的臉，
發現更多的不同與陌生；
然後，你們開始讓自己不要再主動，
去問候去說話去關心去記憶，
別要讓更多的怨懟不忿，來破壞你對他的喜歡，
就用冷漠與乾脆來掩飾埋藏，
你們對這一個好友最真摯的回憶與情感。

即使你們知道，如果再繼續如此下去，
將來漸漸不會再有新的經歷與回憶，
就算繼續在臉書或短訊裡連繫，
有天也會不再互相讚好不會回覆，
只會越走越遠、越來越不同步，
剩下永遠不變的朋友名銜，
然後偶爾為是否仍然友好而患得患失……

但你寧願如今和他變成一對陌生的朋友，
不會見面，也再沒有機會吵架，

還可以在心裡為他留一個位置，

偶爾想起他的不好，又想與他再重新交好，

在猶豫之間，延續你對他的思念，

平息那曾經的遺憾，

總好過到最後不歡而散，

然後那天在路上遇見，也會裝作看不見彼此。

寧願變成一對陌生的朋友，

不會見面，也再沒有機會吵架，

還可以在心裡為他留一個位置。

開口

旁人都羨慕你們無所不談、充滿默契。

只是有些話題，
你們也會有默契地避而不談，
從不會開口去問對方太多。

/ / / / / / / / / / / / /

有些問題，
你知道自己是不應該去問。
其實他對你再好，本身可以沒有滲著太多原因，
可以是單純的、想待你這個人好，
也可以是像你一樣，只要對方和自己開心，
就已經足夠，就已經很好了。

若是如此，有些問題又何必再問，
就當是為了你和他之間的情誼，
也為了不要背叛他對你的信任與義氣；
而且，你怕自己原來不過一廂情願，
怕一時的衝動，
會破壞你們一直累積的回憶……

你曾經想過，不要再想太多，
讓時間來淡化你的心血來潮，
不要勉強對方去面對承認，
也不要給對方一個理由去逃避自己。

但有更多時候你又會胡思亂想，
在這些日子以來的快樂溫馨裡，
自己其實是站在他心裡的哪一個位置；
你覺得他對你很好，
但你會怕是自己想得太多、自欺欺人？
雖然他會時常找你，
但又是不是因為你是最方便他找到的人？

你想問他，為甚麼他會對你這麼好，
在他的眼裡，又是怎樣看待你這一個人，
有沒有想過將來你們會變成哪種情況，
會不會原來他也是跟你一樣，
有些問題藏在心裡，但始終不敢去問，
怕一問了，就不可能再回到從前，
也怕自己不敢去問，將來又會不會留下遺憾。

如果有天，有誰終於忍不住開口，
將這些一直埋藏的心意如實告訴，
到時又會變成怎樣呢？
因為你們其實應該知道，
無論之後有著怎樣的決定，
從此之後，有些關係是回不去了。

就算再假裝平常，但是也不會再像以前般，
可以笑著說友誼萬歲、來掩飾那莫名心跳，
不會再像從前般可以很久都不見面、

但只要有誰遇到不快樂、又會為對方隨傳隨到，
因為再沒有可以容納不確定性的空間，
不再是以前不肯定地去猜到或相信對方的心意，
而是要明明白白地去知道彼此內心中的答案、
希望能夠得到一個更肯定的關係名分——
是喜歡、還是不過好感，
是友情、還是真的可以昇華做愛情，
是為彼此難得的相遇而一直守護、珍惜，
還是原來只為了貪求一時的曖昧歡愉而繼續自私，
是懂得你眼裡的認真、也會用真心回應，
還是原來只會將你當作曾經親近過的某某……

在開口的一瞬間，你其實應該知道，
彼此再沒有迴旋轉身的餘地，
是要向對方與自己來一次認真的剖白，
認真去回應這些日子以來，
一直都沒有正視面對的自己，
不要以為還可以再像之前般逃避拖延，
因為逃避，其實也已經是一種答覆了……

既然是不可能再回去，
那麼，不如也試試往未知的可能出發，
假使可以，就努力一起走到白頭，
假使不可以，就乾脆轉身不要再見；
而不要再奢想，
大家都可以將那一時的衝動抹清忘掉，

以後還可以繼續像從前般，
和對方歡笑暢遊，他仍會配合自己的任性，
在有時想得太多、有時隨心之間，
累積更多說不清楚的回憶心跳……

然後偶爾繼續猜想，
如果有天有誰終於忍不住開口，
自己到時應該如何打算；
然後偶爾又會遺憾，
如果那天自己有問過清楚明白，
你們如今是否還會繼續再見。

無論之後有著怎樣的決定，
從此之後，
有些關係是回不去了。

最親近的陌生人

別忘了，最親切的交往，
始終是面對面的交談，
最了解你的人，
往往是願意與你花時間面對面相對的人。

/ / / / / / / / / / /

有時你會跟我說，
身邊的人不了解自己。
連上手機或電腦，
可能還會找到更多了解自己的人，
如他她他她，甚至它，
能夠在你需要的時候讓你聽到最心暖的話，
而身邊的人，卻只會埋頭在螢幕裡，
對自己不理不睬。

你都忘記了，對上一次是甚麼時候，
你們交談聊天說到有趣時，會一起捧腹大笑；
但你將那趣事貼在自己的臉書裡，
卻會瞬間得到幾十人讚好。

上一次你們一起看電影，
電影很好看，但完場後，
你們都沒有交談過自己的感想，
他就只是拿出手機在按鍵，
而你回到家後，就上網搜尋有關電影的網上評論，

然後找到一篇合心意的，
就給對方留言交流，你積存了一整天的感受。

許多話，你都沒有再跟身邊的他直接明言了，
你看著他的臉書，有多少讚好與留言，
卻完全與自己無關，
有時你其實並不太明白當中的意義，
彷彿他有他的世界，而你只是局外人；
他也總是會忽略你的更新，
你問他有沒有看你昨天分享的短片，
但他就只是茫然抬頭看著你，
或是給你一個你明知是撒謊的微笑點頭，
然後又再看回自己的手機，沒理會你。
你也沒有再問，也只是對著眼前的螢幕，
看誰人最先給自己讚好或留言，
看自己生日的時候，
是誰在這藍白的畫面上，最先跟自己說生日快樂。

有一次，
你對著手機跟別人在網上交談時，
他忽然打了一個電話給你，
你有些意外，
接聽問對方，是有甚麼事嗎？
但對方卻只是說了一些生活上的瑣事，
例如，記得去買甚麼甚麼，
例如，問你知不知道哪裡可以下載劇集，

說完了問完了就掛線，沒有其他。
你看回手機的交談對話，
那個網友見你一陣子沒回應，
緊張地問是不是發生了甚麼事，
不知為何，那刻你竟感到了一點暖心。

又有一次，
他在電話裡跟你說要睡覺了，
掛線後，你未有心情去睡，
你打開手機，
看見網上還是有很多人跟自己一樣，
沒有去睡，大概也在找著另一個未能入睡的人，
去交談，去互相了解；
那晚你上網上到很晚，
你離線的時候，打開 WhatsApp 檢查短訊，
卻發現那個應該睡了的他，
最後一次上線時間，竟是數分鐘前……

那刻你有點漠然，沒有想要去打電話問對方，
為甚麼還未去睡，
或為甚麼，要騙自己要睡覺了；
但那一種無力的疏離感，卻在心裡面逐漸蔓延，
直到下一次你們終於見面，
你刻意讓自己抑壓掉那點情緒，
只是你後來還是忘不了，
那種活在兩個不同世界的感覺。

你有過這些感受嗎，

最親切的問候，有時是來自網上的陌生人，

而身邊最親近的，

卻反而會在一些時候對自己冷言冷語。

然而這不等於，

身邊人比不上陌生人、陌生人更懂得了解自己。

也許你們只是缺乏了溝通的時間和機會，

在大家一起晚飯、在家裡的時候，

各自對著手機或電腦，

或玩遊戲，或渾上臉書，

將時間花在似乎會更了解自己的網友上；

而身邊的人，明明可以親手接觸到，

可以面對面交談、了解、牽手或擁抱，

但當我們雙眼各自離開螢幕，

看回對方抬起的臉容，卻常常會感到一陣陌生……

是因為對方真的比不上一個素未謀面的人嗎，

還是我們只不過忘記了，

這一個身邊的人，

一起跟自己走過了那些年、走到了現在，

還有將來的更多歲月，

多少回憶不能被取代，多少理想等你們一起完成，

而如今你們心的距離靠遠了一些，

但不等於，你們之間的牽絆是就此應該完結了。

當然，如果對方是早已經放棄再繼續，
本來對方是已經打算離開、
去與別人發展新的關係或感情，
那麼再勉強挽留，大概也只會事倍功半；
但有多少人，其實知道對方是這麼重要，
只是我們都不知道應該怎麼再去開始，
而我們都依賴眼前螢幕裡的一點安慰和溫暖，
來稀釋與身邊人之間的疏離與冷漠，
讓自己有力氣去繼續逗留、
期望有天與對方的關係會再度好轉。

然而，我們對著這螢幕想過了幾多個天光，
然而，我們之間的關係仍是漸走漸遠；
我們還要吝惜多少開口說話的機會，
還要再等多久才會發現，
其實對方可能也跟自己一樣，
正在等你將心交出來，和自己一起去談一起去看，
一起去笑去哭，一起去思考或煩惱，
再次真正的，一起在一起。

有時你會跟我說，
身邊的人不了解自己……
但其實，我也不太了解你，
也許我只是了解你願意交出的一部分，
又甚至，我只是裝作了解你而已。

別忘了，最親切的交往，

始終是面對面的交往，

最了解你的人，

往往是願意與你一起花時間面對面相對的人，

即使你們如今，

可能還是各自對著手機在按，

偶爾抬頭，

還是會看到對方矇起來的一雙眼，

就如你看不見的自己，同一模樣。

別忘了，其實你們都一樣。

其實我們的距離，並不真的那麼遙遠，

彼此願意走前一步，就已經可以靠近多很多。

其實我們的距離，

並不真的那麼遙遠，

彼此願意走前一步，

就已經可以靠近多很多。

平
息

有時會太想念一個人，
是因為尚未可以放開，
還是只不過太過掛念，
在那些年他的雙眼裡，
曾經率真的那個自己。

／／／／／／／／／／／／／／

你知道，
以後不會與他再遇見，
只是來到這夜，聽著那一首歌，
你還是會再一次想起他的事情。

其實已經沒有甚麼好緬懷，
你記得的，最後他是不辭而別，
最後他是對你的思念，已讀不回。

你想過太多次，為甚麼值得如此回報，
為甚麼你曾經熟悉的他，會變得如此陌生。

以前不是這樣的，以前，
他對你並不是最溫柔，也不是最體貼，
但你在他的面前，可以做回最真的自己，
可以盡情笑盡情大喊，
可以做回一個單純的小孩子；
而在你的跟前，總會有另一個人，

願意用認真關注的目光，
去記下你每一張臉容，
並回上最能觸動你心弦的笑靨。

旁人也許不會明白，
為甚麼短短的一個眼神接觸，
你們就可以明白對方的心思，
為甚麼普通的一句玩笑說話，
你們就可以找到無窮的趣味。

曾經，你們最相知也最相襯，
一同數過漆黑中的多少繁星，
一起迎接過幾多次日落清晨，
那是你們生命中最燦爛美麗的時光，
在他身邊，你才發覺以前看輕了多少奇蹟。

你相信他是你生命中最應該留住的人，
在他面前，你變得真正完整，
也會記起，原來你仍保有開心去笑的力量，
還擁有去關愛別人的能力；
而不是為了生活、為了太多計算，
變得太保護自己、不敢再對人交心，
也不會因為受過傷害、太多冷酷回應，
變得再沒有勇氣去追求理想去守護所愛，
寧願委曲求全、但求自保，
帶著面具，一天一天替換或蓋上更多，

微笑著做一個不太喜歡的自己……

然而，就算曾經有過那麼美好，
他最後還是走了，也不會再聽到他的消息。

你由最初的不忿不捨、
想再和他接近再重新開始，
漸漸變得不再強求、甚至不想再遇見。

來到這夜，你已經可以接受他離開的事實，
不帶太多悔恨，不留太多心跳，
以後都不會再與他有其他交集，
你知道，你終於找到方法跨過去，
讓那些傷痛真正得到平息。

只是偶爾，你還是會突然想起他這一個人，
猶如他仍然佔據著你內心的某個位置，
彷彿還留著一點點刺痛，
讓你對那些應該塵封的記憶有點卻步。

直到許久以後，
你無意中看見以前的照片，
或是臉書突如其來的當年重溫，
那一刻你才真正明白，
想起他，並不是因為你對他有太多不捨，
而是曾經在他面前最自然寬容的、

自己那一張臉，
已經感到陌生，已經離得太遠；
偶爾你還會想起他，茫然不前，
原來只是因為你太過掛念，
以前笑得最開懷的那一個自己。

聽著那一首歌，
你還是會再一次想起他的事情。

我們

你知道，
和他之後未必會有後來。
只是你相信，
你們早已為彼此的後來，
留下了最珍貴的禮物。

偶爾我們會迷失方向，
不是因為自己忘記了本來的目標，
而是想起，身邊再沒有了某個人的存在。

你知道的，身邊的人很多，
只是你為某個人留下了一個專屬的位置，
一段只有你們才可以分享、一同經歷的路。

你曾經許願，可以與他同遊你們想去的地方，
一起完成你們年輕時的夢想；
即使他早已經不在自己的身邊，
很久不見，以後也可能不會再遇見。

你知道應該還有人可以把他代替，
但有些心結你仍是只想向他這個人傾訴，
仍是想讓他知道，
這些日子裡有過的快樂成就，有過的難過委屈；
你喜歡他，也許你至今仍然會如斯喜歡，

只是比起喜歡這種情感，
你更感恩這一個人在你最快樂的時候出現，
陪你成長、一同創造過多少難忘快樂的回憶。

你在他的眼裡，可以看見自己最率真的微笑，
他的一笑一語，會讓你知道你們有過最好的默契。
有他在，你甚麼都不會怕，
有你在，他也比從前更加快樂，
你們在對方身上找到失落的另一半，
也一起重新認識了從前被埋沒了的自己。

因此縱然後來你們還是各散東西，
你還是會希望他會過得好好的，會幸福快樂，
比自己要更加幸福快樂；
雖然他走了，留下了你，
還留下一些你至今仍然無法解答的問號，
但是你在無數個想念他的夜裡，
你終於明白，就算想念卻不可以再見面，
就算有些事情是可一不可再，
但原來自己也遇上過最難得的運氣，
在自己最不為意、還沒有準備好的時候，
和他這一個人一起擁有過最美好快樂的時光。

是因為他，才可以讓你知道，
自己是可以這樣快樂，
是可以比起自己以為的界限，

可以更加發熱發亮；
是因為你，才可以讓彼此記起，
原來兩個人可以一起快樂，
就算只是去做最無聊的事情，
可以說一聲「我們」，
已經是最美好的事情了⋯⋯

即使如今，
你和他已經不再是「我們」，
將來或是兩條永遠不會再相交、
也不會再平行的線。
你依然念記的，他未必還會在乎，
他遺下了的信，你卻不捨得丟棄，
就繼續念著那一個身影、留著那一個位置，
去完成你們沒有一起完成的夢想，
去活出一個沒有他也一樣精采的人生。

就算偶爾你會迷失方向，
會忍不住於附近尋找，
那一個不應該會出現的身影；
但你知道，你只是突然好想念好想念，
卻不會真的再去找他、再去打擾。

你寧願讓回憶中的你們，
繼續走下去，
在另一個時空裡，

活出跟你們不一樣的人生；
偶爾讓你想念，偶爾提醒你自己，
不要忘記你本來也可以這麼快樂及自信，
別輕易放棄灰心，要相信自己的價值，
也希望他也會跟你一樣，活得更好更好，
就只是這樣而已……

雖然你們之後，沒有後來，
但你們早已經為彼此的後來，
留下了最珍貴的禮物。

就算如今他不在你的身邊，
但只要他仍在你的心裡，
就已經是天長地久。

就算如今他不在你的身邊，
但只要他仍在你的心裡，
就已經是天長地久。

放大

不對的人即使靠得再近，
也只會找到更多的不對；
但一個真正了解你的人，
卻會讓你記起你的優點，
還有只屬於你們的笑臉。

偶爾你會覺得，
身邊的人不了解你，可惜又無能為力；
你想過不如自己一個，
但是你又離不開那個人的身邊。

你繼續等，
寄望對方有天終於會懂你更多，
可惜對方又會在你不知不覺間，
先離開了你的身邊；
也許是因為他不了解你、不明白他對你的重要，
又也許，你對他本來就並不重要……

但你依然追著他留下的節奏，
在一直得不到的同時，也習慣了各種寂寞。

即使你也嘗試過，多點笑臉迎人，
好容易一點投入他的世界；
但當你偶爾洩露負面情緒，

對方又可以輕易將你捨棄，

然後你又變得更灰心，

你未必敢怨懟，卻開始習慣怪責自己。

直到後來，

你終於遇到一個可以和你交心的人，

你方明白到，真正的認識、交往，

並不是只讓對方看見自己成功快樂的一面，

偶爾的失敗、錯誤、難過、迷失，

你們也願意讓對方去了解和分擔，

一起學習如何面對、解決或捱過，

一起找到適合彼此的步伐，

再一同向前邁進、成長，

而這過程當中所得到的經驗與情誼，

是其他東西所不能取代，

也是別人不可能再和你一同經歷。

如果始終他都不會在乎自己，

和他越是貼近，反而會更放大你的缺點，

然後孤單地自我厭惡更多，

那何必要再不顧一切地撲向這迷陣？

退後一步，呼吸原來的空氣，

一天一點找回你本來的快樂與優點，

最後你會發現，原來自己仍是只得一個人，

有沒有他，你的世界依然在轉。

他不了解自己，自己又何必勉強彼此下去，

何不去找另一個更懂得自己的人，

去編織更多快樂，累積更多值得放大的回憶。

有沒有他，

你的世界依然在轉。

相信

你說原諒一個人，
有時可以很容易，
但要重新相信一個人，
卻要花更多心力與時間。

彷彿是已經心淡，但說這番話之前，
其實你是早已決定再相信對方一次，
就再多一次。

／／／／／／／／／／／／／

你對他說，
原諒一個人可以很容易，
只是要重新相信一個人，
卻從來不容易。

你已經數不清楚，
他有多少次讓你失望過。
你交代的，他總是會忘記，
你著緊的，他始終不在意。

他總有辦法將你用心所說的話，
在剎那間拋到九霄雲外；
他又總有辦法做一些事情讓你不高興，
但你想要他去做的，
他又會有太多藉口、一再拖延。

漸漸你都不能肯定，
這一個人是不是真的想跟自己一起走下去，
到底他是否碰巧遇到你、
才會暫時與自己互相糾纏拖累；
還是他是真的認真，
只不過他不懂得與你相處，
也不知道要如何珍惜、努力，
亦不明白比起希冀遙遠的美好、
你更在乎當下的你們是否一同前進，
更不記得兩個人在一起，
其實無需單獨勉強去遷就迎合，
只要可以見多一點、笑多一點，
自自然然就會找到相處的節奏……

而不是只可以苦苦皺眉，
煩惱要如何才可讓你不再煩惱，
或為了你為甚麼生氣而生氣，
最後大家都鑽了牛角尖、
覺得不可能再找到共識，
寧願遠離、也不要面對面，
或寧願說盡最冷淡漠然的話，
也不要讓對方知道你內心的軟弱。

算了，不緊要，我沒事，
隨你喜歡吧……
用平靜的語氣來說出彷彿已經原諒的話，

但其實你也是在向對方作最後通牒，
你已不是以前的你，
不會再輕易相信他、再被他傷害，
除非他願意去為你改變，
讓你知道他的認真與著緊，
除非，你們的心裡以後就只有對方一個人……

你對他說，
原諒一個人可以很容易，
只是要重新相信一個人，卻從來不容易。
但你沒有對他說，
如果你是已經決心不再相信另一個人，
你其實沒必要再花時間去特意說這一番話；
一天沒真正心死，
你知道自己還是會繼續相信這一個人，
即使他不完美，有時還會讓你生氣苦笑。

說了，不是想立即改變到甚麼，
而是想要知道，他對你其實有多少了解，
想知道對著不溫柔不體貼的你，
他原來還會有多少認真……

是有點傻，
但你還是希望他會跟你再傻這麼一次。

說了，
不是想立即改變到甚麼，
而是想要知道，
他對你其實有多少了解。

重聚

總有些人會讓你猶豫，
自己應否主動找回對方，
是怕會再得到對方的拒絕，
也怕自己再一次把對方錯過。

/ / / / / / / / / / /

為甚麼這麼久沒有找我？
每次與他見面，他都會問你這一個問題。

最初的時候，你會為這一句說話，
感到有一點歉疚，
彷彿自己真的太久沒有找他，
彷彿是你讓這份情誼日漸冷卻；
你反省，這份情誼其實得來不易，
兩個人能夠相遇相知，並不是理所當然。

雖然你們曾經有過最知心的時候，
雖然你們也一同擁有多少難忘的經歷，
你心裡認定，他是你的一世朋友，
就算以後大家因為工作而開始少見面、
甚至彼此身在不同的世界為生活奮鬥，
但你相信當你們將來再聚首時，
這份情誼一定可以延續下去，
一點一點繼續累積、變醇，
直到彼此的兒女都變成好友，

滿頭白髮時也會再一起細話當年⋯⋯
你曾經是這樣認為的。

只是這一刻，你聽見他這一句說話，
心裡卻冒起了一點不安。
為甚麼他會覺得，這段時間裡你沒找他？
雖然由最初你們會每星期都見面，
漸漸因為各有各忙，
變成兩星期一次、一兩個月一次、
甚至幾個月一次，
你以為你們都漸漸習慣了。
但即使沒有見面，
你可是還很在意他這一位朋友，
是自己在甚麼時候冷落了他，
而讓他積存了這點嗟怨嗎？

為此，你開始重新檢視你們的交往，
不要讓自己將一切想得太理所當然，
例如你以為，
兩三個月才碰面一次就已經足夠，
但也許他其實是希望再見多一點、
只是自己一直都沒有為他騰出時間？

又例如，你以前不會太常看他的臉書更新，
也很少去留言或讚好，
但你重看回他的臉書，

在你們沒有見面的日子裡，
原來他跟別人說過很多你沒在意的事情；
自己是不是應該對他的臉書有多點關注，
多點讚好多點留言多點溝通，
不要讓彼此的距離差得太遠？

於是，你開始改變自己的習慣，
閒時會多點傳短訊給他問候，
假期時也會約他吃飯見面，
只是很多時候，他都是沒有回覆，
也沒有答應你的邀約；
你也試過多點在臉書分享自己的近況，
因為他每天都會上臉書和其他朋友聊天，
你希望有多一個渠道來讓他了解自己，
即使到最後，他也沒有留過半句說話、
或只是一次讚好，
就只可以偷望他跟其他朋友的新合照，
猶豫著該不該留下你的在意。

你不明白，
為甚麼他會對你變得愛理不理，
是自己以前真的對他太過忽略無視，
所以現在才得到他這樣的回報？

還是，並不是在於誰對誰錯的問題，
他只是在沒有你的世界裡，

找到了更適合自己生活的節奏，

經過每天每月累積，他已經變得太過習慣，

就算你如今才後悔、再勉強，

也是無法輕易改變那種節奏，

亦再沒有空間讓你穿插其中⋯⋯

然後你才發現，

在你錯過了他曾經一再對你臉書讚好的日子裡，

自己也錯過了可以一同成長的時光，

而這種時光，卻是可遇不可求。

你或者試過抱怨，

為甚麼他會有時間回應別人的臉書留言，

卻不會先去回覆你的短訊邀約；

只是你無意中看回當年今日的臉書，

有多少次你也曾試過，

如此冷待過對方的問好，

也試過多少次沒有答應對方的邀約⋯⋯

是因為你真的不在乎嗎，

還是你那時還不真正明白，

原來很多看似平常不過的人與關係，

並不是真的理所當然、無需經營，

愛情友情如是，家人親友亦然。

自己不能只是站在自己感到最舒適安然的地方，

盼對方主動前來邀請自己交往，

或是只去埋怨對方為甚麼不去在意你的好。
想到這裡，你把原本想發送的說話刪除，
繼續看著他與其他人的臉書留言對話，
偶爾苦笑，偶爾嘆息。

多少個日月後，某一天，
你鼓起勇氣，再次主動致電給他，
說你有一份東西，多出來了，
你留著也沒用，想起他應該合用，
不如就送給他，不如約出來見面吧。

然後你們終於約到時間見面，
坐下來閒談一會，
他又問你，為甚麼這麼久沒有找我？
你心裡苦笑一下，
想說，其實是你一直沒有找我才對。
但你沒有說出口，只是說了一聲對不起，
解釋自己之前一直在忙、不好意思冷落了他。
他默然了一下，
你不知道他有沒有聽明白你的意思，
又也許，他的那一句說話，
如今已變成沒有太多認真的開場白；
只是你知道，你們現在需要的，
不是再計較誰付出太少、誰太遲珍惜，
而是要多一點主動，
多一點從對方的角度出發，

再一同經歷相處更多，
找回你們之間已經遺忘的節奏。

直到有一天你們再遇時，
他不會再跟你說上那一句、
纏繞你們內心多少個年月的縛咒，
直到哪一天可以再打開心扉，
將這些曾經的不成熟和對方笑著細訴。

你們現在需要的，
不是再計較誰付出太少、
誰太遲珍惜，
而是要多一點主動。

連繫

如今你想要的，
未必是一個確實的擁抱，
而是不想失去，
和那一個人的連繫而已。

／／／／／／／／／

在成長的過程中，
有時自己都未必能好好認清自己的情感。

或許對方未必是需要你去喜歡他，
也不是需要你對他做一些特別好的事情，
他可能只是希望你會多點在乎他、
去真正認識他這一個人，
如果有一個人能夠付出真心來跟自己交往，
就已經足矣。

但有時可能就連他自己也分不清楚，
他其實是需要你的在乎、
你的好、還是你的喜歡，
而最後大家又將之錯誤歸類做愛情的追求；
於是你可能會因此逃開、
他卻更加渴求你的喜歡或在乎，
又或是當你用真心去回應、
但他卻漸漸察覺自己並非為了愛情；
發展下去，通常最後總是變得不歡而散，

有時甚至更反目成仇。

也許多年後你們依然會不相往還，
也許你仍然會遺憾跟這個人發展到這種田地，
也許你會終於明白，
其實自己不一定需要跟他發展出何種關係，
只要大家仍然會在乎對方、
就像此刻你心裡對他的那一種單純的在乎，
即使已不再見面了不再聯繫……

你也覺得這已經很足夠，
再無他求。

如果有一個人，
能夠付出真心來跟自己交往，
就已經足矣。

優點

如果記得他太多缺點，
只會讓你越來越不快樂，
那不如記一記他的優點，
讓眉頭放開、留多一點力氣，
等那天終於不再為他縈懷更多，
你一定會更自在。

////////////////

晚上，不能入眠，
翻出手機，打開短訊，
撥了又撥，然後你又再看見，
他最後一次的單字回覆，
還有留給你的已讀不回。
其實來到這天，
他的樣貌他的聲線，
你未必記得太清楚，
但他最後留給你的委屈與難堪，
你反而歷歷在目。

他大意，總是對你的感受粗心大意，
他失約，就只會對你的約定失約，
他總是可以輕易忘記你的事情，
他總是會說你太過小器、何必要與別人比較，
他總有各種冷落你的藉口，
也有太多對你不會認真的理由。

你承受過太多次，
也有更多次期盼他會知錯、會改正，
然後你又嘗到了更多失望。

到最後，你實在不能委屈更多，
決定從此不要跟這一個人繼續有交集，
就算會被他怪責你小器，
就算他根本一點都不會在乎……
你默默下定決心，單方面去對他斷絕往來，
不回應他的短訊，不讚好他的臉書，
不再去主動邀約，不要出現他面前……
你以為這樣的行動，
多少可以換到他的一點反省與後悔，
盼他有天會回來找你；
但是他沒有，一直都沒有，
反而繼續延長你離不開的時間，
一邊空盼，一邊數算著他對你的不是，
還有漠不關心。

即使其實，
你對他的一切都已經開始模糊，
即使你也知道，沒有他的出現，
你的世界還是會繼續，你還是要好好的生活。
再數算他以前更多的缺點，
反而會讓你心裡的灰暗更揮之不去，
你對他的記念，變成一根又一根扎在你內心的刺，

只能傷你更深，對另一個世界的他卻毫不影響。

值得嗎，你是知道答案的，
或者你只是想透過這種方法，
來讓這一個曾經重要的故事不要太輕易完結……

只是若有一天，
你不想再如此循環下去，
那不如試試別只去記著他的缺點、也想想他的優點，
他曾經的溫柔，他對你笑過的臉容，
他和你有過的快樂時光，
還有如今他不可能再留給你更多傷痛與難堪——
如果記得太多缺點只會讓你越來越不快樂，
那不如記一記他的優點，
讓眉頭放開、留多一點力氣，
等那天終於不再為他縈懷更多，
你一定會更自在，也會更吸引。

加油。

再數算他以前更多的缺點，
　　　只能傷你更深，
對另一個世界的他卻毫不影響。

226

再好好過日子

有些日子或許真的十分難過。

但就算再難過，
也不能夠讓自己變得太過習慣，
忘記要再好好過日子。

/ / / / / / / / / /

有些時候，
我們或會對一些人與事始終放不低，
總是未能夠從過去的溫柔、
與如今的失落中走出來。

或許是因為，
自己曾經認真的一半靈魂，
仍然繫緊在離開了的那一個人身上。

你太習慣他和你一起的生活，
也太依賴他和你一同去笑、讓你快樂；
若要一下子放下或接受、
從此再沒有這一個人在自己身邊，
是困難、也不合常情，
世界上沒有多少人可以做到。

過去曾有過多少甜，
如今就會有多少苦，

喜歡得越深，退出的時候就會變得更痛⋯⋯

所以有時候，

我們會寧願執迷於過去，

不捨得、不放開，

也許只不過是不想在放低的過程裡，

讓自己痛得太深而已。

但縱然如此，

我們還是可以一步一步，

讓自己復原過來，

請相信自己，那一個樂觀自信的你，

仍然留在你心裡，只是被你不小心埋藏起來，

只是你的眼裡仍然只願看到他而已⋯⋯

即使每一次你想起他，

會讓你心神恍惚、忍不住要哭，

不緊要，那點眼淚，

會逐點為你將內心的苦澀與痛揮發、釋放，

換回你再去感受其他事情的餘裕與力氣；

但是從今天開始，

你也要嘗試多點跟自己的內心對話、

正視面對自己的真正感受，

還要學習跟信任的親友分享，

自己的感受與想法。

有些時候，

我們會對想不通的事情感到無力，
想早點擺脫困局，
卻一個人鑽了牛角尖而不自覺。
太努力想去放開，但忘了在放開之前，
自己需要先將心打開，
才可以接受得到別人的溫柔，
才可以令內裡的傷口慢慢復原。

令自己開心，
是忘記傷痛的第一步，
也是讓你找回自己的一個過程。

請不要太心灰，也請相信，
有天你會再好起來的，
縱然未必會立即遇上下一個他，
但至少，你會重遇快樂自信的那個自己，
陪自己繼續走過去、走下去，
再好好過日子。

太努力想去放開，
但忘了在放開之前，
自己需要先將心打開，
才可以接受得到別人的溫柔。

每個故事，
終會有完結的一日。

只是有些情節，
卻會陪你走過更多秋與冬，
偶爾讓你微笑，偶爾讓你刺痛。

每個故事，終會有完結的一日。
只是有些情節，卻會陪你走過更多秋與冬，
偶爾讓你微笑，偶爾讓你刺痛。

即使故事裡的主角，如今已經不會再見，
即使你看似都快要忘記，
曾經有過這一位與你最親密的人。

其實說忘記，你知道只是自欺欺人。
不用臉書的當年今日提醒，
不用回看手機裡的舊訊息，
你永遠都會記得，
那些有過的快樂、溫馨、甜蜜，
那曾經有過的共振、互相信任與依靠，
那突然的變奏、生疏、誤解與矛盾，
那最後的不歡而散，
還有那一抹，如今依然會牽動你的臉紅……

那是你這一生之中所看過最美麗的一幕，

也是曾經你最想留住珍惜的一瞬；

但如今，這些都已經變成過去，

你不敢再期望，有天可以能夠再次重溫，

看見那一幕時所清楚感受到的、

自己幾乎已經遺忘的心跳聲，

因為你知道，如今這一切甜酸苦樂，

已經都不再屬於自己。

隨著他的離開，隨著你的放棄，

都不會再重來。

偶爾你會回想，

為甚麼你們會不歡而散。

越想得多，你越難去面對自己。

有些人的離開，不會為你留下太多痕跡，

因為你不會有太多在乎；

但他，這一個他，

卻讓你更清楚認識你自己，

甚至比你要更加清楚。

你的好，可以讓他有多快樂，

你的壞，可以讓他有多難堪。

在這一生之中，你從沒有遇過這麼一個人，

如此了解你的好惡、個性、秘密、心跳與呼吸，

又願意與你一起去改變一同去成長。

只是最後，你們敵不過累積太多的爭吵，
敵不過那一時卻沉重的幼稚任性，
敵不過在自己最需要諒解的時候、
對方因為不安的一再追逼，
敵不過，在最需要一個擁抱的時候，
彼此卻選擇用最冷漠的目光，
看著對方轉身離開，
而忘記了要留住對方的笑臉⋯⋯

為甚麼可以如此輕易放手，
為甚麼沒有再去追回對方。
每次回想起這些，
你都會想，如果可以重頭再來，
自己還會再錯一次嗎；
如果可以再有一次機會，讓你重新學習，
放下面子與自私，捉緊雙手與節奏，
如今還會落得這下場嗎，
之後又可會到老白頭嗎？

但沒有如果。
如今他身邊，有對他更好的人出現；
以後的你們，也只會繼續不相往還。

不是你不想關心對方，
不是你不敢主動找他，
只是你再沒有信心，自己還可以有這種資格。

在曾經與他最親近、最互相信任的時候，
自己偏偏錯過了、沒有把握住最後的機會；
他現在越快樂，你越覺得自己以前做錯太多，
回憶裡的溫暖反而變成一種諷刺。

每夜你都會反問自己，為甚麼當時會放棄，
為甚麼會令他最後也忍不住放棄；
而這一個自己，如何比得上他如今身邊的人，
如何勝得過他如今重拾的笑臉……

尤其，他眼裡再沒有你的影子，
你不想接受，但事實是，
他如今比從前更加快樂，
至少比起他轉身離開你的時候，更加快樂。

就算有多後悔、有更多的抱歉，
再細說又有何意思；
不過是奢望仍可有一線機會，
或只是求自己能得到他的原諒，
不是真的對他好、會讓他更加快樂幸福。

仍然介懷的人是你，他沒有責任去停下腳步，
你對自己說，
何必再妄想去追回那一抹臉紅？
你取笑自己，已經做錯過太多了，
何必再去讓自己錯多一次、對他造成更多打擾？

與其，再來一次不歡而散，
你寧願由得自己，在繼續追悔中學習心死，
縱然要經過更多的秋與冬、有更多的刺痛呼氣；
與其，繼續放不下回憶中的那臉紅，
你寧願許願，有天如果可以在這街上再重遇，
到時他還會記得你的名字，
還願意對你點點頭，微笑一下……

為你們的故事，寫上一個更完滿的結尾，
就已經足夠。

你寧願許願，
有天如果在這街上再重遇，
到時他還會記得你的名字。

等心息

你繼續等下去，

是為了等一個機會，

等他終於會變得喜歡你；

還是其實在等，

自己哪天終於會學得懂心息……

總有些人，

會讓你等得心甘情願。

即使你知道繼續等下去，

也未必會等到他的回眸，

即使他從來也沒有要求，

要你為他去無止境地等。

你明知道未必有機會等得到，

也明知道最後可能徒勞無功，

但你還是選擇每天默默空等，

只因為在你幸運遇上他之前，

他身邊早已有一個比你更加知心、

在各方面與他更合襯更同步的人；

雖然那個人未必及得上你的溫柔，

但就是有能力讓他得到無比幸福……

於是你開始學會，

用笑臉掩飾你的失落，
將真心話轉換成體貼入微，
不會讓自己去越過那一條界線、
離開你其實已經停留得太久的位置，
不想再勉強讓他明白你的感情，
也不想再和別人比較更多，
徒增更多不忿與執迷，
讓自己更不快樂⋯⋯

既然如此，
你寧願繼續等下去，等得心甘情願，
並不是期望有天終於等到想要的人，
而是期望哪天可以讓自己等到心息——
因為你知道，所謂等待，
其實是讓自己學會放棄的一個過程。
如果從來都沒有去追、不去開口講出真相，
一切就不會有任何改變，
再多的執迷與心跳，
也終會昇華成純粹的思念牽掛。

然後哪天，
你可能會厭倦再等、再被浪費，
你會寧願放手、再去尋覓其他目標；
但縱然你知道如此，
你還是選擇用這一種方式，來讓自己學會心息，
盼有天可以看到他們到老白頭，

盼有天真的等到你們友誼永固……

就算他始終都不會知道，
他曾經是你的天下無雙，
就算你最後未必等得到，最想要的結果，
你還是會繼續等下去，等到，
終於心甘情願為止。

就算你最後未必等得到，
最想要的結果，
你還是會繼續等下去，
等到，終於心甘情願為止。

拯救

有時你連怎樣令自己開心也不知道，
但你還是好想令他笑，
只要他開心，就已經足夠。

/ / / / / / / / / / / /

從那天開始，
你學會讓自己低下頭，
不要看見別人的臉容，
不要面對別人目光中的自己；
你寧願與手機短訊裡的笑臉相對，
也不願讓人發現被傷害過的痕跡。

你不是不知道，
世界上還有許多美好的事情。
曾經你跟某一個人，
看過最燦爛的夕陽，嚐過最深刻的味道，
渡過最寫意的假日，談過最動人的……
但是再美好，隨著那一個人的最後離開，
都反而變成最痛的回憶，
還帶給你多少難平復的後遺症。

有多少次，你忽然變得無法集中精神，
即使你知道，有更多緊要的事情應該要做，
但突如其來的情緒操控了一切，
讓你再無法飾演平時的自己，

甚至無法好好的呼氣；
你試過逃，試過尋找更多獨處的空間，
只為可以呼吸輕鬆一點的空氣，
偶爾你成功了，可以讓自己捱過那點鬱結，
但有更多時候，又會讓自己的心情更加灰暗，
然後又更加習慣去自己一個人，
也不想別人來打擾自己胡思亂想……

因為一直以來，你都是透過這種方式，
來保護自己、來保持你生活的平衡，
你不是不知道許多正面的道理、
可以更樂觀快樂地笑、享受每一天，
只是你更習慣不與人對望、不說太多真心話，
寧願自己一個獨處，也不要在熱鬧中與刺痛對抗……

曾經你以為，繼續這樣下去也沒有問題，
尤其在如今這個時代、這個社會，
已經不可能讓每一個人都開心，
既然如此，那只要讓自己覺得自在就可以了，
就算被人說你冷漠、虛假、甚至自私，
你也學會不再在意，
即使有時你也會感到孤單，即使偶爾午夜夢迴，
你還是會遇到曾經熱血的那個自己……

但已經都不重要了，也不會期望有誰人來拯救自己，
只要可以繼續飾演一個沒事人，

不要和其他人有分別，就已經足夠。

直到那天，你終於遇到另一個，
意外地走進你心坎裡的人。
只是以前那一個人留給你的後遺症，
卻始終令你沒有勇氣，
去與如今眼前的這一個人靠近。

是因為怕失敗、怕唐突嗎，
但太長時間冷眼看待別人目光的你，
更怕自己找不回對人投入熱度的方法。

你想過開口說些甚麼，
卻試過更多次開不了口，
你想過要給對方一個笑臉，
卻試過更多次逃避對方目光，
你想過主動一點，但猶豫的時候更多……

漸漸你都不敢相信，
有天可以和對方更親近地交往，
即使對方從來也沒有太明確地拒絕過自己。

偶爾你會反問自己，為甚麼會這麼沒用，
又為甚麼，自己會對他這一個人如此在意，
他只不過是普通的一個人，
就如每天無數與自己擦身而過的陌路人一樣，

大家都有自己的故事與傷口，

但為甚麼他的呼氣他的苦笑，

卻又一天一點地打亂你努力平靜的心跳節奏，

令你忍不住追望，也令你在不知不覺間，

抬頭仰視你與他之間的天空，

讓本來只有灰沉的世界，再次出現色彩……

因此即使有多少時候你讓自己失望了，

但你還是不自覺地跟上了對方的腳步。

曾經你以為，

自己已經失去喜歡或愛一個人的能力，

但如今你會開始為自己打氣，

希望終有天可以鼓起勇氣踏前一步，

在他傷心的時候，找到方法讓他轉悲為喜，

在他孤獨的時候，可以支持他、陪伴他，

就算你沒有太多自信、這天你們的世界仍然灰暗，

但你相信只要堅持，

你們終會一起經歷最美的晨曦……

是有點傻，是有點遙遠，

只是你實在不忍心，

看見他漸漸被灰暗掩沒，

就好像曾經的你一樣；

已經許久沒有許願的你，

這天開始會變得期盼，

有天可以找回勇氣與自信，

拯救他離開那灰暗的角落，重拾本來的快樂……

但與其說，
你只求為了令他重拾微笑，
不論要你如何付出都不介意；
不如說，你其實希望在拯救他的同時，
也拯救被你遺忘了的自己——
那一個曾經希望認真地去愛、
也可以得到對方認真回應的你。

這種不顧一切的感覺，
你已經太久沒有嘗過，
心裡有點不安，但你看著他，
臉上卻展現了最堅定的笑容。

你希望在拯救他的同時，
也拯救被你遺忘了的自己。

242

再見

所謂再見，有兩種解釋。

一種是，期待哪天可以再一次見面，

而另一種，

是期待明天自己可以心息，

從此以後，都不要再見。

/ / / / / / / / / / / /

有時你會很想見某一個人，

但是你未必會讓對方知道。

其實，要再去見他，

對你來說是不容易的一件事。

想見他，不等於他也想見你；

想念他，不等於你明白他的一切。

在哪裡才會見得到他？

在何時方會遇得上他？

如果可以見到面，自己應該要說些甚麼才好？

還是應該不要說話，看他會不會先跟自己打招呼，

看，他臉上會不會有任何不快的表情，

會不會感到驚訝，你為甚麼會出現在那地方，

會不會忍不住笑，你為甚麼還會出現在他面前，

會不會沉默不語，似乎看穿你是特意去等他出現，

會不會一臉漠然，再不記得你的樣子甚至你這個人……

說到底，你們已經很久很久沒有再見，

說回頭，你們本來並非很熟悉很親近。
就只有曾經在某一點上交會碰頭過，
就只有你一個人仍然會為這一段曾經，
而緬懷太多，思念下去……
但是不去見他，你卻始終無法心息。

然後，經過了多少日與夜，
你終於可以鼓起勇氣，
往那一個你不熟悉的城市，
去那條他可能經過的街道，
在他不容易發現你的轉角，等候他的出現。

你不知道是否真的會等得到，
也不知道他甚麼時候才會出現，
但你曾經幻想了多少天要來這裡等他，
如今真的付諸實行，
你的內心反而要變得比之前踏實、安定。

他會出現也好，他不會經過也罷，
你還是走前了一步，來到這裡了……
雖然你其實也沒有想過，
如果真的見到他，你會有甚麼打算，
如果他也會見到你，你又會怎麼反應……

是你沒有想清楚，還是你避開不敢去想，
也許你是心裡清楚，

你只是裝作不清楚而已，
如果太清楚，你未必可以讓自己來到這裡，
未必可以如此地任性一次了。

說任性，是因為你隱約預期到，
就算自己真的來了，
對一切事情都不會有太多改變，
之後，你們還是會繼續陌生，
之後，他還是不會在你的世界裡逗留。

其實你只是想來看一看，他的近況，
他如今臉上有著甚麼表情，
他的身邊有沒有其他珍惜的人，
他是否還會記得，
這一個曾經與他一起歡笑的你……
就只是這樣而已。
之後，你們還是不會再走在一起，
之後，你還是會繼續一個人緬懷這一切。

如果是這樣，自己又何必要再去走上前，
在他的臉前出現，
讓他茫然、意外、慌張、尷尬、甚或漠然，
擾亂他如今臉上那輕鬆自然的笑容，
擾亂他和身邊人本來熟悉的節奏？
自己又何必要去驚動到他，
何必要去讓自己的不死心，

去為他造成太多不必要的負擔……

你想念他，但是你知道，
自己其實不應該和他見面。
雖然你很想親口跟他說，
你有多想念他，有多想跟他分享你的喜怒哀樂，
多想告訴他你這些年發生過的趣事，
多想對他說一句，
你想以後都留在他的身邊，
就像從前的你們一樣，說過以後都不要分開，
以後都要一起成長到老。

但在沒有他的這些日子裡，你還是一個人成長了，
學會了獨立堅強，學會了保護自己，
你都很想讓他知道，
但是如今你很清楚，
他是已經不會太過在乎……
尤其當如今你終於看到，
他臉上那一抹不屬於你的笑容。

這天，你花過幾多心機，
從遙遠的地方來到了這裡，
在這不遠處的街角，偷偷張望，
彷彿是來確定自己的一廂情願；
其實你最初就已經猜到，
會有這一個結果，

但你還是要讓自己來一次，去確認這個答案。

你告訴自己，如今終於見到了，
回去吧，不要再讓自己等下去；
你離開了這個街角、這個城市，
告訴自己要繼續長大、繼續往前走，
然後又忍不住回頭，
跟那一個陪自己思念、
也陪自己成長的的身影，
說一聲再見，再見。

你想念他，
但是你知道，
自己其實不應該和他見面。
雖然你很想親口跟他說，
你有多想念他。

國家圖書館出版品預行編目資料

等心息 / Middle 著 . -- 臺北市：三采文化 , 2017.01
　面；　公分 . -- (愛寫；12)
ISBN 978-986-342-761-2(平裝)

1. 戀愛 2. 兩性關係 3. 文集

544.3707　　　　　　　　　　105022049

愛寫 12

等 心 息

作者｜ Middle
副總編輯｜鄭微宣　　責任編輯｜劉汝雯
美術主編｜藍秀婷　　封面設計｜藍秀婷　　美術編輯｜ Claire Wei
行銷經理｜張育珊　　行銷企劃｜劉哲均

發行人｜張輝明　　總編輯｜曾雅青　　發行所｜三采文化股份有限公司
地址｜台北市內湖區瑞光路 513 巷 33 號 8 樓
傳訊｜ TEL:8797-1234　 FAX:8797-1688　 網址｜ www.suncolor.com.tw
郵政劃撥｜帳號：14319060　戶名：三采文化股份有限公司
本版發行｜ 2017 年 1 月 6 日　定價｜ NT$320

與其靠近，不如保持距離；

與其思念，不如讓回憶繼續變老。

你其實只是不想讓自己太輕易忘記，
曾經錯過了這一個人而已。

是等他哪天會想起自己，
還是其實在等自己，
哪天可以不再想起他？

等一個人，

其實可以很自由。

只要這天可以等得快樂，

就是夠了……